Angelika Landmann

Kirgisisch
Kurzgrammatik

Angelika Landmann

Kirgisisch
Kurzgrammatik

2011

Harrassowitz Verlag · Wiesbaden

Bibliografische Information der Deutschen Nationalbibliothek
Die Deutsche Nationalbibliothek verzeichnet diese Publikation in der Deutschen
Nationalbibliografie; detaillierte bibliografische Daten sind im Internet
über http://dnb.d-nb.de abrufbar.

Bibliographic information published by the Deutsche Nationalbibliothek
The Deutsche Nationalbibliothek lists this publication in the Deutsche
Nationalbibliografie; detailed bibliographic data are available in the internet
at http://dnb.d-nb.de.

Informationen zum Verlagsprogramm finden Sie unter
http://www.harrassowitz-verlag.de

© Otto Harrassowitz GmbH & Co. KG, Wiesbaden 2011
Das Werk einschließlich aller seiner Teile ist urheberrechtlich geschützt.
Jede Verwertung außerhalb der engen Grenzen des Urheberrechtsgesetzes ist ohne
Zustimmung des Verlages unzulässig und strafbar. Das gilt insbesondere
für Vervielfältigungen jeder Art, Übersetzungen, Mikroverfilmungen und
für die Einspeicherung in elektronische Systeme.
Gedruckt auf alterungsbeständigem Papier.
Umschlag: Julia Guthmüller
Druck und Verarbeitung: Hubert & Co., Göttingen
Printed in Germany
ISBN 978-3-447-06507-8

Inhaltsverzeichnis

Vorwort VII

Lautlehre 1
1. Das Alphabet – 2. Vokalharmonie – 3. Suffixbildung

I. Das Substantiv 7
1. Grundform und Nominativ – 2. Der Plural – 3. Der Genitiv – 4. Der Dativ – 5. Der Akkusativ – 6. Der Lokativ – 7. Der Ablativ – 8. Die Possessivsuffixe der 1. und 2. Personen – 9. Die Possessivsuffixe der 3. Personen – 10. Die Genitiv-Possessiv-Konstruktion – 11. Zusammengesetzte Substantive

II. Das Adjektiv 17
1. Der Gebrauch des Adjektivs – 2. Der Komparativ – 3. Der Superlativ – 4. Intensivformen

III. Das Adverb 20

IV. Pronomina 21
1. Demonstrativpronomina – 2. Personalpronomina – 3. Possessivpronomina – 4. Das Reflexivpronomen – 5. Das reziproke Pronomen – 6. Indefinitpronomina – 7. Interrogativpronomina – 8. Die Fragepartikel **-би**

V. Die Zahlen 27
1. Die Kardinalzahlen – 2. Die Uhrzeit – 3. Ordinalzahlen – 4. Alter – 5. Bruchzahlen – 6. Distributivzahlen

VI. Postpositionen 32
1. Postpositionen mit dem Nominativ – 2. Postpositionen mit dem Genitiv – 3. Postpositionen mit dem Dativ – 4. Postpositionen mit dem Ablativ

VII. Das Hilfsverb *sein* sowie бар und жок 37
1. Das Präsens – 2. Das Verb **бол-** – 3. Die Form **экен** – 4. Die Form **эмиш/имиш** – 5. Die Form **элек** – 6. Die Form **эле**

VIII. Zeiten und Modi des Vollverbs 42
1. Der Infinitiv – 2. Die Präsens- und Futurformen auf **-е/-й**, **-(е)р/ -бес**, **-(и)п жат-**, **-үүдө** und **-мек(чи)** – 3. Die Perfektformen auf **-ди, -ген**, **-(үү)чү** und **-(и)птир** – 4. Aufforderungsformen: Der Imperativ der 2. Personen – Der Imperativ der 3. Personen – Der Optativ – 5. Mit **экен, имиш, элек, эле** sowie Bildungen von **бол-** zusammengesetzte Verbformen – 6. Konditionale Verbformen

IX. Verbalnomina 73
1. Das Verbalnomen auf **-үү** – 2. Das Verbalnomen auf **-(и)ш** – 3. Das substantivische Verbalnomen auf **-ген** – 4. Das Verbalnomen auf **-ген** als Partizip – 5. Das Verbalnomen auf **-(и)п жаткан** – 6. Das Verbalnomen auf **-е/-й турган** – 7. Das Verbalnomen auf **-(е)р/-бес** – 8. Das Partizip auf **-үүчү** – 9. Das Verbalnomen **элек**

X. Konverbien 85
1. Das Konverb auf **-е/-й** – 2. Verbalkompositionen mit dem Konverb auf **-е/-й** – 3. Das Konverb auf **-(и)п** – 4. Verbalkompositionen mit dem Konverb auf **-(и)п** – 5. Die Form **деп** – 6. Das Konverb auf **-бестен** – 7. Das Konverb auf **-гени** – 8. Die Konverbien auf **-гиче, -генче** und **-мейинче**

XI. Konjunktionen 96

XII. Partikeln 98

XIII. Wortbildung 100
1. Substantive auf **-кана** – 2. Substantive auf **-че** – 3. Substantive auf **-чи** – 4. Substantive auf **-ги** – 5. Substantive auf **-лик** – 6. Adjektive auf **-луу** – 7. Adjektive auf **-сиз** – 8. Das Zugehörigkeitssuffix **-ги/ -ки** – 9. Das Äquativsuffix **-дей/-дек** – 10. Das Äquativsuffix **-че** – 11. Verbstämme auf **-генси** – 12. Verbstämme auf **-ле** – 13. Reflexive Verbstämme – 14. Reziproke Verbstämme – 15. Kausative Verbstämme – 16. Das Passiv

XIV. Wortfolge 110

Anhang 113
Übersichten über die kirgisischen Suffixe 113
Die deutschen Nebensätze und ihre kirgisischen Entsprechungen 117
Alphabetisches Vokabelverzeichnis 118
Sachregister 127
Literaturverzeichnis 129

Vorwort

Die vorliegende Kurzgrammatik des Kirgisischen vermittelt auf 130 Seiten die wichtigsten Grundlagen der kirgisischen Grammatik in knapper, übersichtlicher und leicht verständlicher Form, ohne dass es der Kenntnis einer anderen Turksprache bedarf. Die einzelnen Kapitel sind nach grammatischen Kategorien geordnet, die Erklärungen werden jeweils durch Beispielsätze aus der Alltagssprache veranschaulicht.

Der Anhang enthält Übersichten über die im Buch behandelten Suffixe, die deutschen Nebensätze und ihre kirgisischen Entsprechungen, ein alphabetisches Vokabelverzeichnis, ein Sachregister sowie ein Verzeichnis der verwendeten Literatur.

Zur Darstellung wurde das in Kirgistan verwendete kyrillische Alphabet gewählt; auf eine Transkription mit lateinischen Buchstaben wurde bewusst verzichtet.

Ich danke meinen kirgisischen Freunden und Bekannten für ihre tatkräftige Unterstützung, unter ihnen vor allem Frau Gulsara Akimbaeva für viele wertvolle Hinweise und Anregungen.

Heidelberg, im März 2011   Angelika Landmann

Lautlehre

1. Das Alphabet

Schreibung		Aussprache	Beispielwort	
А	а	a	ата	Vater
Аа	аа	langes a	жаан	Regen
Б	б	b	бала	Kind
В	в	w	вокзал	Bahnhof
Г	г	g	гезит	Zeitung
Д	д	d	дептер	Heft
Е	е	nach Konsonant e	терезе	Fenster
		nach Vokal je	поезд	Zug
Ё	ё	jo	самолёт	Flugzeug
Ж	ж	stimmhaftes dsch	жомок	Märchen
		in Lehnwörtern stimmhaftes sch	журнал	Zeitschrift
З	з	stimmhaftes s	замат	Zeitpunkt
И	и	i	илим	Wissenschaft
	й	j	ай	Mond, Monat
К	к	k	китеп	Buch
Л	л	l	лампа	Lampe
М	м	m	мектеп	Schule
Н	н	n	нан	Brot
	ң	nasales n	деңиз	Meer
О	о	offenes o	кол	Hand, Arm
Оо	оо	langes o	тоо	Berg
Ө	ө	ö	бөлмө	Zimmer
Өө	өө	langes ö	төө	Kamel
П	п	p	парк	Park
Р	р	r	радио	Radio
С	с	stimmloses s	саат	Stunde, Uhr
Т	т	t	тамак	Essen
У	у	u	уста	Meister
Уу	уу	langes u	уул	Sohn
Ү	ү	ü	үй	Haus

Ү ү	үү	langes ü	күү	Melodie
Ф	ф	f	телефон	Telefon
Х	х	ch	хан	Khan, König
Ц	ц	z	цирк	Zirkus
Ч	ч	tsch	чай	Tee
Ш	ш	sch	шаар	Stadt
Ы	ы	dumpfes i	кыз	Tochter
Э	э	e am Wortanfang sowie nach Stimmbandverschluss	эт аэропорт	Fleisch Flughafen
Ээ	ээ	langes e	жээк	Ufer
Ю	ю	yu	юбка	Rock
Я	я	ya	аял	Frau

Im Kirgisischen werden alle Wörter **klein geschrieben**, es sei denn, sie stehen am Satzanfang oder es handelt sich um Eigennamen.

Zur Wiedergabe des Lautes *ju* wurde außer in russischen Lehnwörtern sowie in **боюнча** die Schreibung **йу** gewählt, da sie dem Aufbau des Kirgisischen mehr entspricht und nicht – wie der Buchstabe **ю** – die Trennung zwischen den einzelnen Silben verschwimmen lässt.

Die **Betonung** innerhalb eines Wortes liegt nicht grundsätzlich auf einer bestimmten Silbe. Zwar werden zahlreiche Wörter auf der letzten Silbe betont, doch gibt es auch solche, die nicht dieser Regel folgen. Bestehende Betonungsregeln werden daher jeweils an der entsprechenden Stelle behandelt.

2. Vokalharmonie

Ein besonders ausgeprägtes Merkmal des Kirgisischen ist die sogenannte **Vokalharmonie**. Sie besagt, dass ein Wort entweder nur helle bzw. vordere oder nur dunkle bzw. hintere Vokale besitzt.

> Helle Vokale sind: **е, и, ө, ү**,
> dunkle Vokale sind: **а, ы, о, у**.

Gleichzeitig ist das ganze Wort samt seinen Konsonanten hell bzw. dunkel auszusprechen. Wird diese Regel nicht eingehalten, handelt es sich um Fremdwörter.

3. Suffixbildung

Das zweite Hauptmerkmal ist die Tatsache, dass das Kirgisische als agglutinierende Sprache seine grammatischen Funktionen durch angehängte Silben, sogenannte **Suffixe**, ausdrückt. Entsprechend dem Gesetz der Vokalharmonie erhält ein Wort mit hellen Vokalen nur Suffixe mit ebenfalls hellen Vokalen, und ein Wort mit dunklen Vokalen nur Suffixe mit ebenfalls dunklen Vokalen. In jedem Fall – das gilt auch für Lehnwörter – richtet sich der Vokal des Suffixes nach dem Vokal der unmittelbar vorausgehenden Silbe.

Im Einzelnen sind folgende Regeln zu beachten (vgl. hierzu die Übersicht über die kirgisischen Suffixe und ihre entsprechende Zuordnung S. 113 ff.):

1. Ein Suffix, das **Vokalharmonie 1** folgt, erhält die Vokale **e, ө, a, o**:

nach e, и	den Vokal **e**,
nach ө, ү	den Vokal **ө**,
nach a, ы, у	den Vokal **a**,
nach o	den Vokal **o**:

дептер	Heft	дептер-**де**	im Heft
үй	Haus	үй-**дө**	im Hause
шаар	Stadt	шаар-**да**	in der Stadt
кол	Hand	кол-**до**	in der Hand

2. Ein Suffix, das **Vokalharmonie 2** folgt, erhält die Vokale **и, ү, ы, у**:

nach e, и	den Vokal **и**,
nach ө, ү	den Vokal **ү**,
nach a, ы	den Vokal **ы**,
nach o, y	den Vokal **у**:

дептер	Heft	дептер-**им**	mein Heft
үй	Haus	үй-**үм**	mein Haus
шаар	Stadt	шаар-**ым**	meine Stadt
кол	Hand	кол-**ум**	meine Hand

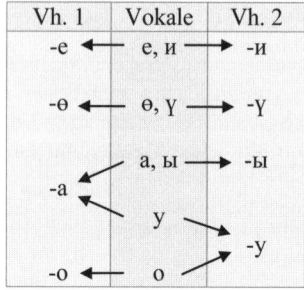

3. Die stimmhaften Konsonanten **б**, **г** und **д** am Beginn eines Suffixes werden immer dann zu **п**, **т** bzw. zu **к** „entstimmt", wenn die vorausgehende Silbe selbst auf einen stimmlosen Konsonanten endet. Stimmlose Konsonanten sind **к, п, с, т, ф, ч, ш**.

дептер	Heft	дептер-**п**и? дептер-ге дептер-де	ein Heft? ins Heft im Heft
китеп	Buch	китеп-**п**и? китеп-**к**е китеп-**т**е	ein Buch? ins Buch im Buch

Suffixe, die mit dem Konsonanten **н** beginnen – es handelt sich hierbei um das Genitiv- sowie das Akkusativsuffix – , verändern diesen Konsonanten in **д**, wenn die vorausgehende Silbe auf Konsonant endet, so dass auch hier Regel 3 gilt:

текче	Regal	текче-**н**ин текче-**н**и	des Regals das Regal
дептер	Heft	дептер-**д**ин дептер-**д**и	des Heftes das Heft
мугалим	Lehrer	мугалим-**д**ин мугалим-**д**и	des Lehrers den Lehrer
китеп	Buch	китеп-**т**ин китеп-**т**и	des Buches das Buch

Ähnliches gilt für Suffixe, die mit dem Konsonanten л beginnen, wie etwa das Pluralsuffix, jedoch bleibt hier bei Wörtern, die auf р oder й enden, das л erhalten:

текче	Regal	текче-лер	Regale
дептер	Heft	дептер-лер	Hefte
мугалим	Lehrer	мугалим-дер	Lehrer
китеп	Buch	китеп-тер	Bücher

4. Umgekehrt „sonorisieren" Substantive und Verbstämme auf п oder к ihren Endkonsonanten zu б bzw. zu г, wenn sie bei Anfügung eines vokalisch anlautenden Suffixes zwischen Vokale geraten:

китеп	Buch	ките**б**-им	mein Buch
белек	Geschenk	беле**г**-им	mein Geschenk

сеп-	säen	се**б**-ет	er sät
тик-	nähen	ти**г**-ет	er näht

Diese Lautgesetze durchziehen die gesamte kirgisische Grammatik. Mit ihrer Kenntnis genügt es meist, eine einzige Form in ihrer Zusammensetzung zu kennen, um die jeweils geltenden Regeln abzuleiten und selbständig alle übrigen Formen zu bilden.

Des Weiteren gilt:
Allgemein wird beim Anfügen von Suffixen das Aufeinandertreffen von Vokalen vermieden:

текче	Regal	текче-**м**	mein Regal
		текче-**си**	sein Regal
дептер	Heft	дептер-**им**	mein Heft
		дептер-**и**	sein Heft

Aus diesem Grunde beginnen viele der im Folgenden wie auch im Anhang (vgl. S. 113 ff.) wiedergegebenen Suffixe mit einem in Klammern gesetzten Anfangsbuchstaben.

Schließlich besitzt das Kirgisische eine Reihe zweisilbiger, konsonantisch auslautender Substantive, die den Vokal ihrer zweiten Silbe verlieren, wenn das sich anschließende Suffix mit einem Vokal beginnt.

айыл (-йлы)	Dorf	айл-ым	mein Dorf
ысым (-смы)	Name	ысм-ым	mein Name
убакыт (-кты)	Zeit	убакт-ым	meine Zeit

Treffen dabei **р** und **н** aufeinander, wandelt sich das **н** in **д**:

карын (-рды)	Leib	кард-ым	mein Leib
мурун (-рду)	Nase	мурд-ум	meine Nase
орун (-рду)	Platz	орд-ум	mein Platz

Da einem Substantiv diese Eigenschaft nicht ohne Weiteres anzusehen ist, erhalten sie in den Wörterbüchern einen besonderen Hinweis.

I. Das Substantiv

1. Grundform und Nominativ des Substantivs

Das kirgisische Substantiv hat keinen bestimmten Artikel; es unterscheidet auch nicht zwischen männlich, weiblich und sächlich:

Substantiv	-e/-и	-ө/-ү	-a/-ы	-у	-o
auf Vokal	текче *Regal*	бөлмө *Zimmer*	бала *Kind*	окуучу *Schüler*	тоо *Berg*
auf stimmhafte Konsonanten	дептер *Heft*	үй *Haus*	кыз *Tochter*	уул *Sohn*	кол *Hand*
auf stimmlose Konsonanten	китеп *Buch*	сүрөт *Bild*	бак *Garten*	бут *Fuß*	дос *Freund*

In seiner Grundform hat es die Funktion eines sogenannten Kasus indefinitus und kann sowohl einen Singular wie auch einen Plural beinhalten. Gleichzeitig dient es auch als Subjektkasus, d.h. als Nominativ Singular:

окуучу	bedeutet demnach *Schüler/Schülerin, Schüler/Schülerinnen* wie auch *der Schüler/die Schülerin*.

Das Demonstrativpronomen *dieser, diese, dieses* lautet **бул**:

бул окуучу	bedeutet *dieser Schüler/diese Schülerin*.

Das Zahlwort **бир** *eins* kann auch als unbestimmter Artikel dienen:

бир окуучу	bedeutet *ein Schüler/eine Schülerin*.

Nach Mengenangaben bleibt das Substantiv meist in seiner Grundform:

үч окуучу	bedeutet *drei Schüler/drei Schülerinnen*.

Substantiv	Plural	Possessive	Kasus	
текче	-лер		---	Nominativ
дептер			-нин	Genitiv
китеп			-ге	Dativ
			-ни	Akkusativ
			-де	Lokativ
			-ден	Ablativ

2. Der Plural

Der Plural wird durch das Suffix **-лер** wiedergegeben. Er wird verwendet, um die Mehrzahl von Einzelpersonen oder -dingen zu bezeichnen:

-е/-и	-ө/-ү	-а/-ы	-у	-о
текчелер	бөлмөлөр		окуучулар	тоолор
дептерлер	үйлөр	кыздар	уулдар	колдор
китептер	сүрөттөр	бактар	буттар	достор

Das Wort **бала** – *Kind* verliert im Plural seinen Endvokal:

Бул балдар окуучу.	Diese Kinder sind Schüler.
Окуучулар эмгекчил.	Die Schüler sind fleißig.

3. Der Genitiv

Der Genitiv lautet **-нин** und antwortet auf die Fragen **кимдин** *wessen*; er tritt vor allem im Zusammenhang mit dem Possessiv der 3. Person auf (vgl. S. 15):

-е/-и	-ө/-ү	-а/-ы	-у	-о
текченин	бөлмөнүн	баланын	окуучунун	тоонун
дептердин	үйдүн	кыздын	уулдун	колдун
китептин	сүрөттүн	бактын	буттун	достун

Бул кимдин китеби?	Wessen Buch ist das?
Мугалимдин китеби.	Das Buch des Lehrers.

Daneben dient er in seiner Kurzform auf **-ни** und ergänzt um das Zugehörigkeitssuffix **-ки** (vgl. S. 103) als Prädikatsnomen, um *gehören* zum Ausdruck zu bringen:

Бул китеп кимдики?	Wessen ist dieses Buch = wem gehört dieses Buch?
Мугалимдики.	Es ist (dasjenige) des Lehrers = es gehört dem Lehrer.

4. Der Dativ

Der Dativ antwortet auf die Fragen **кимге** *wem, zu wem*, **кайда** *wohin*, **эмнеге** *wozu, wonach* wie auch zeitlich *bis wann* (vgl. S. 29). Das Dativsuffix lautet **-ге**:

-е/-и	-ө/-ү	-а/-ы	-у	-о
текчеге	бөлмөгө	балага	окуучуга	тоого
дептерге	үйгө	кызга	уулга	колго
китепке	сүрөткө	бакка	бутка	доско

Кимге жазасың?	Wem schreibst du?
Мугалимге жазам.	Ich schreibe dem Lehrer.

Кайда барасың?	Wohin gehst du?
Үйгө барам.	Ich gehe nach Hause.

Эмнеге барасыңар?	Wonach geht ihr?
Жемишке барабыз.	Wir gehen nach Obst.

Darüber hinaus gibt der Dativ die Zeitspanne sowie die Höhe des Preises wieder, den man für eine Sache bezahlt hat:

Бир канча күнгө айылга конокко жөнөдүк.	Wir sind für ein paar Tage ins Dorf zu Besuch gefahren.
Мен бул көйнөктү үч сомго сатып алдым.	Ich habe dieses Hemd für drei Sum gekauft.

5. Der Akkusativ

Der Akkusativ antwortet auf die Fragen **кимди** *wen*, **эмнени/эмне** *was*. Er wird im Kirgisischen nur dann verwendet, wenn ein bestimmtes Objekt bezeichnet werden soll. Das Akkusativsuffix lautet **-ни**:

-е/-и	-ө/-ү	-а/-ы	-у	-о
текчени	бөлмөнү	баланы	окуучуну	тоону
дептерди	үйдү	кызды	уулду	колду
китепти	сүрөттү	бакты	бутту	досту

Кимди күтүп жатасың?	Auf wen wartest du?
Досторду күтүп жатам.	Ich warte auf die Freunde.

Эмнени издеп жатасың?	Was suchst du?
Ачкычты издеп жатам.	Ich suche den Schlüssel.

Ist das Objekt dagegen unbestimmt, bleibt das Substantiv in seiner Grundform:

Эмне кылып жатасың?	Was machst du gerade?
Китеп окуп жатам.	Ich lese ein Buch.

Эмнелер сатып алдың?	Was hast du alles eingekauft?
Азык-түлүк сатып алдым.	Ich habe Lebensmittel eingekauft.

6. Der Lokativ

Der Lokativ antwortet auf die Fragen **кимде** *bei wem*, **кайда, кайсы жерде** *wo*, **эмнеде** *worin* sowie zeitlich *wann* (vgl. S. 29) und wird im Deutschen durch die Präpositionen *in*, *an*, *auf*, *bei* und *um* ausgedrückt. Das Lokativsuffix lautet **-де**:

-е/-и	-ө/-ү	-а/-ы	-у	-о
текчеде	бөлмөдө	балада	окуучуда	тоодо
дептерде	үйдө	кызда	уулда	колдо
китепте	сүрөттө	бакта	бутта	досто

Айбек кимде?	Bei wem ist Aybek?
Доктурда.	Beim Arzt.

Балдар кайда?	Wo sind die Kinder?
Алар бакта.	Sie sind im Garten.

7. Der Ablativ

Der Ablativ antwortet auf die Fragen **кимден** *von wem*, **кайдан**, **кайсы жерден** *woher*, **эмнеден** *woraus, wodurch, weshalb* sowie zeitlich *ab wann, seit wann* (vgl. S. 29). Das Ablativsuffix lautet -ден:

-е/-и	-ө/-ү	-а/-ы	-у	-о
текчеден	бөлмөдөн	баладан	окуучудан	тоодон
дептерден	үйдөн	кыздан	уулдан	колдон
китептен	сүрөттөн	бактан	буттан	достон

Китепти кимден алдың?	Von wem hast du das Buch bekommen?
Мен аны мугалимден алдым.	Ich habe es vom Lehrer bekommen.

Кайдан келдиңер?	Woher seid ihr gekommen?
Мен үйдөн келдик.	Wir sind von zu Hause gekommen.

Боз үйлөр эмнеден жасалат?	Woraus werden die Jurten gemacht?
Алар кийизден жасалат.	Sie werden aus Filz gemacht.

Des Weiteren gibt er die Einkaufs- und Informationsquelle, die Wegstrecke, die jemand bzw. etwas nimmt, wie auch die Ursache wieder, aus der heraus etwas geschieht (vgl. S. 77):

Базардан жемиш менен жашылча сатып алдым.	Ich habe auf dem Markt Obst und Gemüse gekauft.
Мен аны интернеттен окудум.	Ich habe es im Internet gelesen.
Көпүрөдөн өттүк.	Wir sind über die Brücke gegangen.
Эмнеден эч нерсе дебединер?	Weshalb habt ihr nichts gesagt?
Уялганыбыздан.	Weil wir uns geschämt haben.

8. Die Possessivsuffixe der 1. und 2. Personen

Auch die Possessive werden im Kirgisischen durch Suffixe wiedergegeben. Sie variieren in ihrem Anlaut, je nachdem, ob das vorausgehende Substantiv auf Konsonant oder Vokal endet. Wie bei den Personalpronomina besitzt das Kirgisische auch hier eigene Formen für die formelle Anrede:

Substantiv	Plural	Possessive		Kasus	
текче	-лер	-(и)м	mein	---	Nominativ
дептер		-(и)ң	dein	-нин	Genitiv
китеп		-(и)ңиз	Ihr (Sg.)	-(г)е	Dativ
			sein/ihr	-ни	Akkusativ
		-(и)биз	unser	-де	Lokativ
		-(и)ңер	euer	-ден	Ablativ
		-(и)ңиздер	Ihr (Pl.)		
			ihr		

-е/-и	-ө/-ү	-а/-ы	-у	-о
текчем	бөлмөм	балам	окуучум	тоом
текчең	бөлмөң	балаң	окуучуң	тооң
текчеңиз	бөлмөңүз	балаңыз	окуучуңуз	тооңуз
текчебиз	бөлмөбүз	балабыз	окуучубуз	тообуз
текчеңер	бөлмөңөр	балаңар	окуучуңар	тооңор
текчеңиздер	бөлмөңүздөр	балаңыздар	окуучуңуздар	тооңуздар
дептерим	үйүм	кызым	уулум	колум
дептериң	үйүң	кызың	уулуң	колуң
дептериңиз	үйүңүз	кызыңыз	уулуңуз	колуңуз
дептерибиз	үйүбүз	кызыбыз	уулубуз	колубуз
дептериңер	үйүңөр	кызыңар	уулуңар	колуңар
дептериңиздер	үйүңүздөр	кызыңыздар	уулуңуздар	колуңуздар
китебим	сүрөтүм	багым	бутум	досум
китебиң	сүрөтүң	багың	бутуң	досуң
китебиңиз	сүрөтүңүз	багыңыз	бутуңуз	досуңуз
китебибиз	сүрөтүбүз	багыбыз	бутубуз	досубуз
китебиңер	сүрөтүңөр	багыңар	бутуңар	досуңар
китебиңиздер	сүрөтүңүздөр	багыңыздар	бутуңуздар	досуңуздар

Die Deklination ist regelmäßig; lediglich der Dativ verliert nach den Possessivsuffixen der 1. und 2. Personen Singular seinen Anfangskonsonanten:

Атың ким? Атым Болот.	Wie heißt du? Ich heiße Bolot.
Бул китеп мугалиминдики.	Dieses Buch gehört deinem Lehrer.
Багыңызга барабыз.	Wir gehen in Ihren (Sg.) Garten.
Ачкычыбызды издеп жатабыз.	Wir suchen unseren Schlüssel.
Балдар бөлмөңөрдө.	Die Kinder sind in eurem Zimmer.
Үйүңүздөрдөн келдик.	Wir sind aus Ihrem (Pl.) Haus gekommen.

Das Kirgisische besitzt kein Verb, das dem deutschen Verb *haben* entspricht. Um anzuzeigen, dass man etwas hat, das (zu) einem gehört, wird der Possessiv in Verbindung mit **бар** *vorhanden* bzw. **жок** *nicht vorhanden* verwendet:

Китебиң барбы?	Ist dein Buch vorhanden = hast du ein Buch?
Китебим бар.	Mein Buch ist vorhanden = ich habe ein Buch.

Um auszudrücken, dass man etwas (bei sich) hat, das zu einer anderen Person gehört, wird der Lokativ als Prädikatsnomen eingesetzt:

Китебим сендеби?	Ist mein Buch bei dir = hast du mein Buch?
Ооба, китебиң менде.	Ja, dein Buch ist bei mir = ich habe dein Buch.

Das *bei sich Haben* einer Sache schließlich wird ebenfalls durch den Lokativ, diesmal verbunden mit **бар** *vorhanden* bzw. **жок** *nicht vorhanden*, zum Ausdruck gebracht:

Сенде китеп барбы?	Ist bei dir ein Buch vorhanden = hast du ein Buch dabei?
Менде китеп жок.	Bei mir ist kein Buch vorhanden = ich habe kein Buch dabei.

9. Die Possessivsuffixe der 3. Personen

Das Possessivsuffix der 3. Person Singular lautet **-(с)и**; bei der 3. Person Plural geht das Pluralsuffix **-лер** voraus:

Substantiv	Plural	Possessive		Kasus	
текче	-лер		mein	---	Nominativ
дептер			dein	-нин	Genitiv
китеп			Ihr (Sg.)	-не	Dativ
		-(с)и	sein/ihr	-н	Akkusativ
			unser	-нде	Lokativ
			euer	-нен	Ablativ
			Ihr (Pl.)		
		-лери	ihr		

-е/-и	-ө/-ү	-а/-ы	-у	-о
текчеси	бөлмөсү	баласы	окуучусу	тоосу
дептери	үйү	кызы	уулу	колу
китеби	сүрөтү	багы	буту	досу

Da ein Wort das gleiche Suffix nur einmal erhält, kann die Form auf **-лери** drei verschiedene Bedeutungen haben. Häufig erhält jedoch ein Gegenstand, der mehrere Eigentümer hat, nur das Possessivsuffix der 3. Person Singular:

дептер-лер-и	seine Hefte	үй-лөр-ү	seine Häuser
дептер-лери	ihr (Pl.) Heft	үй-лөрү	ihr (Pl.) Haus
дептер-лер-лери	ihre (Pl.) Hefte	үй-лөр-лөрү	ihre (Pl.) Häuser

Folgt auf die Possessivsuffixe der 3. Personen ein Kasussuffix, wird immer ein sogenanntes **pronominales н** eingeschoben. Wie die Tabelle verdeutlicht, entfallen dabei der ursprüngliche Anfangskonsonant des Dativs und des Ablativs wie auch der Endvokal des Akkusativs:

Жамийла ...	Dschamijla ...
... багына барат,	... geht in ihren Garten,
... ачкычын издеп жатат,	... sucht ihren Schlüssel,
... бөлмөсүндө,	... ist in ihrem Zimmer,
... үйүнөн чыкты.	... ist aus ihrem Haus gegangen.

10. Die Genitiv-Possessiv-Konstruktion

Soll ein Eigentumsverhältnis zum Ausdruck gebracht werden und ist der Eigentümer eine dritte Person, wird er – wie im Deutschen – in den Genitiv gesetzt. Der Eigentumsgegenstand wird ihm nachgestellt und erhält grundsätzlich das Possessivsuffix der 3. Person:

| мугалим**дин** китеб**и** | das Buch des Lehrers |

Substantiv	Plural	Possessive	Kasus
мугалим	-лер	-(и)м	
		-(и)ң	**-нин**
		-(и)ңиз	
		-(с)и	
		-(и)биз	
		-(и)ңер	
		-(и)ңиздер	
		-лери	

Substantiv	Plural	Poss.	Kasus
китеп	-лер		---
			-нин
			-не
		-(с)и	-н
			-нде
			-нен
		-лери	

| Ат адамдын канаты. | Die Pferde sind die Flügel des Menschen. |

| Досуңдун аты ким? | Wie heißt dein Freund? |
| Досумдун аты Болот. | Mein Freund heißt Bolot. |

Бул мугалимимдин дептери.	Das ist das Heft meines Lehrers.
Кошунаңдын багына барам.	Ich gehe in den Garten deines Nachbarn.
Машинаңыздын ачкычын кызымдын досуна бердим.	Ich habe den Schlüssel Ihres Autos dem Freund meiner Tochter gegeben.
Алтынай бөлмөсүнүн ачкычын издеп жатат.	Altynaj sucht den Schlüssel ihres Zimmers.
Уулубуздун бөлмөсүндөбүз.	Wir sind im Zimmer unseres Sohnes.
Досторуңардын үй(лөр)үнөн келдик.	Wir sind aus dem Haus eurer Freunde gekommen.

11. Zusammengesetzte Substantive

Demgegenüber werden zusammengesetzte Substantive wie *Bücherregal* durch eine sogenannte unvollständige Genitiv-Possessiv-Konstruktion wiedergegeben, das heißt, das erste Substantiv bleibt ohne den Genitiv, das zweite jedoch erhält das Possessivsuffix der 3. Person:

китеп текче**си**	Bücherregal

Китептеримди китеп текчесине койдум.	Ich habe meine Bücher ins Bücherregal gestellt.

Hat ein solcher Begriff einen individuellen Eigentümer, entfällt das Possessivsuffix des Grundbegriffs zugunsten der im konkreten Fall erforderlichen Possessivendung:

Жаңы китеп текчем бар.	Ich habe ein neues Bücherregal.

Geographische Bezeichnungen, Wochentage und Monatsnamen bilden mit einer näheren Bestimmung ebenfalls ein zusammengesetztes Substantiv. Anders als die Begriffe auf **-лик** (vgl. S. 102) sind die selbständig gebildeten Nationalitätsbezeichnungen reine Substantive und können daher mit einem weiteren Substantiv nur in Form eines zusammengesetzten Substantivs verbunden werden:

Бишкек шаары	die Stadt Bischkek
жекшемби күнү	Sonntag
май айы	der Monat Mai
кыргыз тамактары	kirgisische Speisen

Daneben gibt es jedoch auch Begriffe, die dieser Regel nicht folgen:

алма бак	Apfelgarten
көз доктур	Augenarzt
конок бөлмө	Gästezimmer
базар күн	Markttag
көз айнек	Brille

II. Das Adjektiv

1. Der Gebrauch des Adjektivs

Das Adjektiv kann, wenn es substantivisch gebraucht wird, dekliniert werden:

| Молдордон кат калат, жакшылардан ат калат. | Von den Reichen bleibt ein Brief, von den Guten bleibt der Name. |
| Жакшынын өзү өлсө да, сөзү өлбөйт. | Wenn der Gute selbst auch stirbt; sein Wort stirbt nicht. |

Als Attribut vor ein Substantiv gestellt, bleibt es undekliniert:

| Бул балдар жакшы окуучулар. | Diese Kinder sind gute Schüler. |

Der unbestimmte Artikel wird durch das Zahlwort **бир** *eins* wiedergegeben. Im Singular steht er, sofern er überhaupt verwendet wird, zwischen Adjektiv und Substantiv:

| Алтынай жакшы (бир) окуучу. | Altynaj ist eine gute Schülerin. |

Demgegenüber wird **бир** an erster Stelle genannt, wenn es als Zahlwort verstanden werden soll. Dieses Prinzip gilt auch für die übrigen Zahlwörter:

| Класста он жакшы окуучу бар. | In der Klasse sind zehn gute Schüler. |

Das Adjektiv dient auch als Prädikatsnomen sowie als Adverb:

Бул алмалар жакшы.	Diese Äpfel sind gut.
Келсең жакшы болот.	Wenn du kommst, ist es gut.
Сиз кыргызча жакшы сүйлөйт экенсиз.	Sie sprechen gut Kirgisisch.
Мен жайлоону жакшы көрөм.	Ich liebe die Sommerweide.

2. Der Komparativ

Um ein Adjektiv zu steigern, erhält es das Suffix **-(и)рээк**:

жакшы	gut	жакшыраак	besser
кичи	klein	кичирээк	kleiner
чоң	groß	чоңураак	größer
көп	viel	көбүрөөк	mehr
аз	wenig	азыраак	weniger
эрте	früh	эртерээк	früher
кеч	spät	кечирээк	später
тез	schnell	тезирээк	schneller
жай	langsam	жайыраак	langsamer

Бир аз жайыраак сүйлөңүзчү!	Sprechen Sie bitte etwas langsamer!

Das vergleichende *als* wird durch den Ablativ des verglichenen Nomens ausgedrückt. Das Suffix **-(и)рээк** ist dann entbehrlich, kann aber als Verstärkung hinzugefügt werden:

Уулум кызымдан чоң(ураак).	Mein Sohn ist – von meiner Tochter aus betrachtet – groß = mein Sohn ist größer/älter als meine Tochter.

Häufig verwendet das Kirgisische bei Vergleichen auch die Postpositionen **караганда** (vgl. S. 35) oder **көрө** (vgl. S. 36):

Азаматка караганда Руслан жакшы(раак) окуучу.	Im Vergleich zu Azamat ist Ruslan ein guter/besserer Schüler = Ruslan ist ein besserer Schüler als Azamat.
Жайдан көрө жаз салкын.	Im Vergleich zum Sommer ist der Frühling kühl = der Frühling ist kühler als der Sommer.

3. Der Superlativ

Zur Bildung des Superlativs stellt man vor das Adjektiv das Wort **эң** *höchst, am meisten*:

Эң жакын интернет кафе кайда?	Wo ist das nächstgelegene Internet Cafe?
Алманын эң жакшыларын тандап ал.	Wähle (dir) die besten der Äpfel aus.

4. Intensivformen

Ein Adjektiv kann in seiner Bedeutung durch Ausdrücke wie **өтө, абдан, аябай** *sehr, äußerst, überaus,* **иттей** *hundsmäßig,* eine Komparativ-Form, gelegentlich auch durch Verdoppelung verstärkt werden:

өтө жакшы	sehr gut	аябай кымбат	sehr/zu teuer
абдан ысык	sehr heiß	иттей кызыктуу	irre interessant
актан ак	weißer als weiß	бийик-бийик	sehr, sehr hoch
баарынан жакшы	besser als alles	узун-узун	sehr, sehr lang

Daneben gibt es Intensivformen, die dadurch entstehen, dass man die erste Silbe verdoppelt und ein **п** einschiebt; die Betonung fällt dabei auf die Vorsilbe:

кара	schwarz	капкара	tiefschwarz
ак	weiß	аппак	ganz weiß
кызыл	rot	кыпкызыл	knallrot
жашыл	grün	жапжашыл	kräftig grün
көк	blau/grün	көпкөк	tiefblau/-grün
сары	gelb	сапсары	sehr gelb
ысык	heiß	ыпысык	sehr heiß
суук	kalt	супсуук	bitterkalt
таза	sauber	таптаза	ganz sauber
чоң	groß	чопчоң	riesengroß
узун	lang	упузун	endlos lang

III. Das Adverb

Als Lokaladverbien verwendet das Kirgisische die Begriffe

жогору жакта	oben	бул жерде	hier	ар жерде	überall
асты жакта	unten	ушул жерде	da	эч кайда	nirgends
оң жакта	rechts	ошол жерде	dort	алда кайда	irgendwo
сол жакта	links	тигил жерде	dort		

Бул жерде бош орун бар.	Hier gibt es einen freien Platz.

Zur Bezeichnung des Ausgangspunktes bzw. des Ziels einer Bewegung erhalten sie anstelle des Lokativsuffixes das Ablativ- bzw. das Dativsuffix:

Бул жерден вокзалга автобус барбы?	Gibt es von hier einen Bus zum Bahnhof?
Бул жерге келгенден бери өзүмдү жакшы сезем.	Seit ich hierher gekommen bin, fühle ich mich wohl.

Die wichtigsten Entsprechungen deutscher Temporaladverbien sind:

мурда күнү	vorgestern	эми	jetzt, nun	ар качан	jederzeit
кечээ	gestern	азыр	jetzt, gleich	ар дайым	immer
бүгүн	heute	бат эле	sofort	эч качан	niemals
эртең	morgen	жакында	bald	алда качан	irgendwann
бүрсүгүнү	übermorgen	жакында	kürzlich	анда-санда	ab und zu
көп	oft	кээде	selten		

Als Modaladverbien dienen beschreibende Adjektive sowie:

мындай	so, derart	балким	vielleicht	тилекке каршы	leider
ушундай	so, derart	бекерге	vergebens	абдан каалап	gerne
ошондой	so, derart	бирдей	ebenso		

IV. Pronomina

1. Demonstrativpronomina

Das Kirgisische besitzt folgende Demonstrativpronomina:

бу(л)	dieser hier	(in unmittelbarer Nähe)
ушу(л)	dieser gleich hier	(in Reichweite)
ошо(л)	der dort	(weit entfernt)
ал	jener, er	(allgemein)

тиги(л)	der da	(in Sichtweite)
тээтиги	jener	(sehr weit entfernt)

Attributiv vor ein Substantiv gestellt, bleiben sie undekliniert:

Бул катты ким алып келди?	Wer hat diesen Brief gebracht?
Ушул китепти окудуңбу?	Hast du das Buch (da) gelesen?
Ошол үй биздики.	Das Haus dort ist unseres/gehört uns.

Werden sie wie Substantive dekliniert, wird – ausgenommen beim Dativ – ein sogenanntes **pronominales н** eingeschoben; gleichzeitig wandelt sich bei **бу(л)** der Anfangsbuchstabe in **м**. Zur Vermeidung von Doppelkonsonanz erhalten der Genitiv und Akkusativ jeweils nur ein **н**:

бу(л)	ушу(л)	ошо(л)	ал
мунун	ушунун	ошонун	анын
буга	ушуга	ошого	ага
муну	ушуну	ошону	аны
мунда	ушунда	ошондо	анда
мундан	ушундан	ошондон	ан(д)ан

Муну ким алып келди?	Wer hat das gebracht?
Ушуну окудуңбу?	Hast du das (da) gelesen?
Ошол биздин үйүбүз.	Das dort ist unser Haus.

2. Personalpronomina

Neben den einfachen Personalpronomina für die 1., 2. und 3. Personen besitzt das Kirgisische im Singular wie im Plural eigene Pronomina für die formelle Anrede:

| мен | ich | сен | du | сиз | Sie (Sg.) | ал | hier: er, sie |
| биз | wir | силер | ihr | сиздер | Sie (Pl.) | алар | sie |

Da das Subjekt eines Satzes bei den 1. und 2. Personen in den Personalendungen bereits enthalten ist, sind die Personalpronomina im Nominativ an und für sich überflüssig. Dennoch werden sie in der Umgangssprache häufig zusätzlich an den Satzanfang gestellt:

Кайдасың?	Wo bist du?
Үйдөмүн.	Ich bin zu Hause.
Мен үйдөмүн, сен кайдасың?	Ich bin zu Hause, (und) wo bist du?

Die Deklination ist weitgehend regelmäßig:

мен	сен	сиз	ал
менин	сенин	сиздин	анын
мага	сага	сизге	ага
мени	сени	сизди	аны
менде	сенде	сизде	анда
менден	сенден	сизден	ан(д)ан

биз	силер	сиздер	алар
биздин	силердин	сиздердин	алардын
бизге	силерге	сиздерге	аларга
бизди	силерди	сиздерди	адарды
бизде	силерде	сиздерде	аларда
бизден	силерден	сиздерден	алардан

Ein *es* als formales Subjekt verwendet das Kirgisische nicht:

| Күн ысык. | Der Tag ist heiß
= es ist heiß. |

3. Possessivpronomina

Die Genitive der Personalpronomina können als Possessivpronomina verstanden werden. Da das Kirgisische jedoch Possessivsuffixe besitzt, werden die Personalpronomina im Genitiv meist nur zusätzlich vorangestellt:

| Ушул (биздин) үйүбүз. | Das (da) ist unser Haus. |

Allerdings gibt es häufig gebrauchte Wendungen, bei denen zugunsten des Possessivpronomens ganz auf das Possessivsuffix verzichtet wird:

| Бул биздин үй. | Dies hier ist unser Zuhause. |

Um *gehören* zum Ausdruck zu bringen, erhält wie beim Substantiv (vgl. S. 9) die Kurzform des Genitivs auf **-ни** das Zugehörigkeitssuffix **-ки**:

| Бул үй биздики. | Dieses Haus ist unseres/gehört uns. |

4. Das Reflexivpronomen

Das deutsche Reflexivpronomen *selbst* ist im Kirgisischen ein Substantiv: **өз** *das Selbst*. Die Personenbezeichnungen werden durch die Possessivsuffixe ausgedrückt:

өзүм	ich selbst	өзүбүз	wir selbst
өзүң	du selbst	өзүңөр	ihr selbst
өзүңүз	Sie selbst (Sg.)	өзүңүздөр	Sie selbst (Pl.)
өзү	er/sie selbst	өздөрү	sie selbst

| Эртең мен өзүм шаарга барам. | Ich werde morgen selbst in die Stadt gehen. |

In der 3. Person bildet das jeweilige Substantiv mit **өз** eine Genitiv-Possessiv-Konstruktion:

| Атамдын өзү шаарга барат. | Mein Vater wird selbst in die Stadt gehen. |

Die Deklination ist regelmäßig:

Мен өзүмө жакшы иш таап алдым.	Ich habe eine gute Arbeit für mich gefunden.
Мен өзүмдү жакшы сезем.	Ich fühle mich wohl.

Häufig tritt **өз** auch an die Stelle des Personal- bzw. Possessivpronomens:

Өзүм сатуучумун.	Ich (selbst/persönlich) bin Verkäufer.
Келген коноктор өзүбүздүн досторубуз.	Die Gäste, die gekommen sind, sind unsere Freunde.
Бул аттар өзүбүздүкү.	Diese Pferde sind unsere eigenen.

Attributiv und damit nicht mehr deklinierbar vor ein Substantiv mit Possessivsuffix gestellt, entspricht **өз** dem Deutschen *eigen*:

Булар биздин өз аттарыбыз.	Das sind unsere eigenen Pferde.

Verdoppelt man das Substantiv **өз**, entsteht die Bedeutung *für sich selbst:*

Мугалим өзүнө-өзү сүйлөндү.	Der Lehrer hat mit/zu sich selbst gesprochen.
Окуучу өзүн-өзү мактады.	Der Schüler hat sich selbst gelobt.
Бул иш өзүнөн-өзү белгилүү болуп калат.	Diese Angelegenheit wird sich von ganz alleine klären.

5. Das reziproke Pronomen

Das kirgisische reziproke Pronomen lautet **бири-бири**. Die Personenbezeichnungen erhält es ebenfalls durch Anfügung der Possessivsuffixe:

Эки кыз бири-бирине окшойт.	Die beiden Mädchen sehen einander ähnlich.
Бири-бирибизге жардам беребиз.	Wir helfen uns gegenseitig.
Бири-бирибизди сүйөбүз.	Wir lieben einander.
Достор бири-бири менен саламдашышты.	Die Freunde haben einander begrüßt.

6. Indefinitpronomina

Anstelle des deutschen Indefinitpronomens *man* verwendet das Kirgisische das Aktiv in der 3. Person Plural:

| Бизди тамакка чакырышты. | Sie haben uns zum Essen eingeladen. |

Im Übrigen kennt das Kirgisische keine unterschiedlichen Begriffe für bejahte und verneinte Indefinitpronomina, da Bejahung wie Verneinung eines kirgisischen Satzes innerhalb des Prädikats erfolgen. Das Wort **ким** *wer* erhält zur Verstärkung der Bejahung meist das Suffix **-дир** und die Kollektivzahl **бирөө**; zur Verneinung dient das Wort **эч** *überhaupt*:

| Кимдир бирөө эшикти такылдатып жатат. | Es klopft jemand an die Tür. |
| Мен эч кимди көрбөй жатам. | Ich sehe niemanden. |

Als bejahtes Indefinitpronomen *etwas* dient **бир нерсе** *eine Sache*; die Negation erfolgt auch hier durch **эч**:

| Дүкөндөн бир нерсе сатып алдыңбы? | Hast du im Laden etwas gekauft? |
| Эч нерсе алган жокмун. | Ich habe nichts gekauft. |

7. Interrogativpronomina

Die wichtigsten Interrogativpronomina sind **ким** *wer*, **эмне** *was* und **кай(сы)** *welcher*.
Ким wird regelmäßig dekliniert: **кимдер** *wer alles*, **кимдин** *wessen*, **кимге** *wem*, **кимди** *wen*, **кимде** *bei wem*, **кимден** *von wem*.
Auf **эмне** basieren **эмнелер** *was alles*, **эмнеге** *wozu, wonach*, **эмнеде** *worin*, **эмнеден** *woraus, wodurch, weshalb*, **эмне үчүн** *wofür, warum*.
Bei den Begriffen, die auf der Basis von **ка(й)-** entstanden sind, liegt die Betonung auf der ersten Silbe: **кайда, кай(сы) жерге** *wohin*, **кайда, кай(сы) жерде** *wo*, **кайдан, кай(сы) жерден** *woher*, **кандай** *wie, was für*, **кантип** *auf welche Art*, **качан** *wann*, **качандан бери** *seit wann*, **канча** *wie viel, wie sehr*, **канчанчы** *der wievielte*, **(саат) канчага чейин** *bis wie viel Uhr*, **канчада** *um wie viel Uhr*, **канчадан** *ab wie viel Uhr*.

Die Wortfolge ist im Kirgisischen bei Fragesätzen und Aussagesätzen die gleiche, d.h. das Fragepronomen steht nicht grundsätzlich am Satzanfang; es erhält jedoch die **Betonung** innerhalb eines Satzes:

| Атым Болот. | Ich heiße Bolot. |
| Атыңыз **ким**? | Wie heißen Sie? |

| Бул китеп атамдыкы. | Dieses Buch gehört meinem Vater. |
| Бул китеп **кимдики**? | Wem gehört dieses Buch? |

| Бул автобус Бишкекке барат. | Dieser Bus fährt nach Bischkek. |
| Бул автобус **кайда** барат? | Wohin fährt dieser Bus? |

| Уулум он беш жашта. | Mein Sohn ist fünfzehn Jahre alt. |
| Уулуңуз **канча** жашта? | Wie alt ist Ihr Sohn? |

| Бизге нан керек. | Wir brauchen Brot. |
| Силерге **эмне** керек? | Was braucht ihr? |

8. Die Fragepartikel **-би**

Für Fragen, die mit *ja* oder *nein* beantwortet werden, verwendet das Kirgisische eine Partikel **-би,** mit deren Hilfe jeder Aussagesatz zu einem Fragesatz wird. Innerhalb eines Satzes hat sie keinen festen Platz; sie wird stets hinter das Wort gestellt, auf dem das Gewicht der Frage liegt. Gleichzeitig zieht sie die **Betonung** auf die ihr unmittelbar vorausgehende Silbe:

Бул мектебин директорубу?	Ist dies der Direktor der Schule?
Мектебинби?	Der Schule?
Директорубу?	Der Direktor?

Auch werden durch mehrfachen Einsatz Alternativfragen zum Ausdruck gebracht; die Konjunktion *oder* ist in diesem Zusammenhang entbehrlich:

| Айлыңар чоңбу, (же) кичинеби? | Ist euer Dorf groß oder klein? |
| Балдар үйдөбү, эмеспи? | Sind die Kinder zu Hause oder nicht? |

V. Die Zahlen

1. Die Kardinalzahlen

Die kirgisischen Zahlwörter lauten:

1	бир	10	он	100	(бир) жүз	1.000	(бир) миң
2	эки	20	жыйырма	200	эки жүз	2.000	эки миң
3	үч	30	отуз	300	үч жүз	3.000	үч миң
4	төрт	40	кырк	400	төрт жүз	4.000	төрт миң
5	беш	50	элүү	500	беш жүз	5.000	беш миң
6	алты	60	алтымыш	600	алты жүз	6.000	алты миң
7	жети	70	жетимиш	700	жети жүз	7.000	жети миң
8	сегиз	80	сексен	800	сегиз жүз	8.000	сегиз миң
9	тогуз	90	токсон	900	тогуз жүз	9.000	тогуз миң

Zusammengesetzte Zahlen werden durch Hintereinanderstellung von Tausender-, Hunderter-, Zehner- und Einerzahlen gebildet:

21	жыйырма бир
321	үч жүз жыйырма бир
4.321	төрт миң үч жүз жыйырма бир
54.321	элүү төрт миң үч жүз жыйырма бир

Auch auf den sogenannten Genitivus partitivus folgt im Kirgisischen der Possessiv der 3. Person:

Биздин класстагы окуучулардын сегизи кыз, он экиси эркек бала.	Acht der Schüler in unserer Klasse sind Mädchen, zwölf sind Jungen.

Besondere Kollektivsuffixe erhalten die Zahlen von eins bis sieben, wenn sie substantivisch gebraucht werden:

бирөө	экөө	үчөө	төртөө	бешөө	алтоо	жетөө

Жети балам бар; төртөө эркек бала жана үчөө кыз бала.	Ich habe sieben Kinder, vier (davon) Jungen und drei (davon) Mädchen.
Апам экөөбүз шаарга бардык.	Meine Mutter (und ich) sind beide in die Stadt gegangen.

2. Die Uhrzeit

Das Wort **саат** bedeutet sowohl *Uhr* als auch *Stunde*:

Эки саат иштедим.	Ich habe zwei Stunden gearbeitet.

Zur Angabe der Uhrzeit wird das Zahlwort prädikativ gebraucht, d.h. hinter **саат** gestellt:

	Саат канча болду?	Wie viel Uhr ist es (geworden)?
2:00	Саат эки болду.	Es ist zwei Uhr (geworden).
2:05	Саат экиден беш мүнөт өттү.	An zwei Uhr sind fünf Minuten vorbeigegangen.
2:15	Саат экиден он беш мүнөт өттү oder саат экиден чейрек саат өттү.	An zwei Uhr sind fünfzehn Minuten vorbeigegangen oder an zwei Uhr ist eine Viertelstunde vorbeigegangen.
2:30	Саат эки жарым.	Es ist zwei ein halb Uhr.
2:45	Саат үчкө он беш мүнөт калды oder саат үчкө чейрек саат калды.	Bis drei Uhr sind fünfzehn Minuten geblieben oder bis drei Uhr ist eine Viertelstunde geblieben.
2:55	Саат үчкө беш мүнөт калды.	Bis drei Uhr sind fünf Minuten geblieben.
3:00	Саат үч.	Es ist drei Uhr.

12:30	Саат он эки жарым oder саат бирге жарым саат калды.	Es ist zwölf ein halb oder bis ein Uhr ist eine halbe Stunde geblieben.

Das Hilfsverb *sein* sowie **бар** und **жок**

Weitere Zeitangaben sind:

00:00	Түнкү саат он эки.	Zwölf Uhr nachts.
05:00	Эртең мененки саат беш.	Fünf Uhr morgens.
12:00	Түшкү саат он эки.	Zwölf Uhr mittags.
17:00	Кечки саат беш.	Fünf Uhr abends.

Саат үч боло элек.	Es ist noch nicht drei Uhr.
Туура саат үч.	Es ist genau drei Uhr.
Саат үчтөн өттү.	Es ist (schon) drei Uhr vorbei.

Im Zusammenhang mit der Uhrzeit übernimmt das Lokativsuffix die Funktion der deutschen Präposition *um*:

	Саат канчада көрүшөбүз?	Um wie viel Uhr sehen wir uns?
2:00	Саат экиде.	Um zwei Uhr.
2:05	Саат экиден беш мүнөт өткөндө.	Wenn an zwei Uhr fünf Minuten vorbeigegangen sind.
2:15	Саат экиден он беш мүнөт өткөндө oder саат экиден чейрек саат өткөндө.	Wenn an zwei Uhr fünfzehn Minuten vorbeigegangen sind oder wenn an zwei Uhr eine Viertelstunde vorbeigegangen ist.
2:30	Саат эки жарымда.	Um zwei ein halb Uhr.
2:45	Саат үчкө он беш мүнөт калганда oder саат үчкө чейрек саат калганда.	Wenn bis drei Uhr fünfzehn Minuten geblieben sind oder wenn bis drei Uhr eine Viertelstunde geblieben ist.
2:55	Саат үчкө беш мүнөт калганда.	Wenn bis drei Uhr fünf Minuten geblieben sind.
3:00	Саат үчтө.	Um drei Uhr.

Wie der Lokativ können auch der Ablativ und der Dativ zeitliche Bedeutung haben:

Мен эртең мененки саат тогуздан кечки саат бешке чейин иштедим.	Ich habe von morgens neun bis abends fünf Uhr gearbeitet.

Das Hilfsverb *sein* sowie **бар** und **жок**

3. Ordinalzahlen

Zur Bildung von Ordinalzahlen tritt an die Zahlwörter das Suffix **-(и)нчи**:

биринчи	der/die erste	онунчу	der/die zehnte
экинчи	der/die zweite	жыйырманчы	der/die zwanzigste
үчүнчү	der/die dritte	отузунчу	der/die dreißigste
төртүнчү	der/die vierte	кыркынчы	der/die vierzigste
бешинчи	der/die fünfte	елүүнчү	der/die fünfzigste
алтынчы	der/die sechste	алтымышынчы	der/die sechzigste
жетинчи	der/die siebte	жетимишинчи	der/die siebzigste
сегизинчи	der/die achte	сексенинчи	der/die achtzigste
тогузунчу	der/die neunte	токсонунчу	der/die neunzigste

Уулуң канчанчы класста окуйт?	In der wievielten Klasse studiert/ist dein Sohn?
Төртүнчү класста окуйт.	Er studiert/ist in der vierten Klasse.

Auch bei Datums- und Jahresangaben werden die Zahlen als Ordinalzahlen wiedergegeben; bei der Schreibung wird hinter die Zahl jeweils ein Bindestrich gesetzt:

Мен 1973-жылы туулганмын/ мен бир миң тогуз жүз жетимиш үчүнчү жылы туулганмын.	Ich bin im Jahre 1973 geboren.
Бүгүн 18-август/ бүгүн он сегизинчи август.	Heute ist der 18. August.

Bei Fragen nach dem Datum wird nur die einfache Kardinalzahl verwendet:

Бүгүн айдын канчасы?	Der Wievielte des Monats ist heute?

Der/die allererste und *der/die allerletzte* lauten **алгачкы** und **акыркы**:

Алгачкы жолу Кыргызтанда болобуз.	Wir sind das (aller)erste Mal in Kirgistan.
Акыркы автобус саат канчада жөнөйт?	Um wie viel Uhr fährt der letzte Bus ab?

4. Alter

Die Frage nach dem Alter kann auf zweierlei Art erfolgen:

Канча жаштасың?	Wie alt bist du?
Сегиз жаштамын.	Ich bin acht Jahre alt.

Жашыныз канчада?	Wie alt sind Sie?
Менин жашым жыйырмада.	Ich bin zwanzig Jahre alt.

5. Bruchzahlen

Bruchzahlen werden im Kirgisischen gebildet, indem man zuerst den Nenner angibt, ihn in den Ablativ setzt, und anschließend den Zähler nennt:

2/3	үчтөн эки	zwei von drei = zwei Drittel

Акчанын үчтөн экисин алдым.	Ich habe zwei Drittel des Geldes genommen.

Das gleiche Prinzip gilt auch für Dezimalangaben:

1,5	бир бүтүн, ондон беш	ein Ganzes, fünf Zehntel
1,15	бир бүтүн, жүздөн он беш	ein Ganzes, fünfzehn Hundertstel

6. Distributivzahlen

Die Bildung von sogenannten Distributivzahlen erfolgt ebenfalls durch Anfügung des Ablativs:

Ар бир класста отуздан окуучу бар.	In jeder Klasse sind dreißig Schüler.
Ар бир окуучу төрттөн дептер алды.	Jeder Schüler hat vier Hefte bekommen.

VI. Postpositionen

1. Postpositionen mit dem Nominativ

Die sogenannten Verhältniswörter werden im Kirgisischen hinter das Nomen gestellt. Was in anderen Sprachen als **Prä**positionen bezeichnet wird, sind hier demnach **Post**positionen.

Bei folgenden Postpositionen bleibt das Substantiv in seiner Grundform:

менен *mit*:

| Атабыз менен сүйлөштүк. | Wir haben mit unserem Vater gesprochen. |
| Бул кат карандаш менен жазылган. | Dieser Brief ist mit Bleistift geschrieben. |

Die Pronomina **мен** *ich*, **сен** *du*, **ал** *er/sie* sowie **бул** *dieser/diese* stehen vor **менен** im verkürzten Genitiv auf **-ни**:

| Мен сени менен барам. | Ich gehe mit dir. |

Zwischen zwei Begriffe gestellt drückt **менен** eine stärkere Gemeinsamkeit als **жана** *und* aus:

| Атам менен апам айылда турушат. | Mein Vater und meine Mutter leben im Dorf. |

Daneben erfüllt **менен** noch folgende weitere Funktionen:

Туулган күнүңүз менен куттуктайбыз.	Wir gratulieren **zu** Ihrem Geburtstag.
Кайсы жол менен келдиңер?	**Auf** welchem Weg seid ihr gekommen?
Тоо менен келдик.	Wir sind **über** die Berge gekommen.

| Күн чыгары менен турдук. | Wir sind **bei** Sonnenaufgang aufgestanden. |
| Кызымдын суроосу менен келдим. | Ich bin **auf** Bitten meiner Tochter gekommen. |

аркалуу/аркылуу *mittels, per, durch*:

| Катты почта аркылуу жибер! | Schicke den Brief per Post! |
| Мен аны гезит аркылуу билдим. | Ich habe es durch die Zeitung erfahren. |

сыяктуу *(genau) wie*:

| Досторум сыяктуу чет өлкөдө окууну каалайм. | Ich will wie meine Freunde im Ausland studieren. |

сайын *(zählend) jeder, jede*:

| Биз жыл сайын жайлоого чыгабыз. | Wir gehen jedes Jahr auf die Sommerweide. |

туфралуу/жөнүндө *betreffend, über*:

| Мугалим бизге Москва туфралуу айтып берди. | Der Lehrer hat uns von/über Moskau erzählt. |

үчүн *für, wegen*:

| Бизге көрсөткөн меймандостугуңар үчүн чоң ыракмат. | Vielen Dank für die Gastfreundschaft, die ihr uns erwiesen habt. |
| Силер үчүн келдим. | Ich bin euretwegen gekommen. |

боюнча *entsprechend, gemäß, zufolge*:

| Метеоролоктун маалыматы боюнча эртең жаан жаабайт. | Nach Kenntnis des Meteorologen wird es morgen nicht regnen. |
| Бишкек убакты боюнча саат бир. | Nach Bischkeker Zeit ist es ein Uhr. |

2. Postpositionen mit dem Genitiv

Als Entsprechung deutscher Präpositionen mit lokaler Bedeutung wie *vor, hinter, neben* etc. verwendet das Kirgisische Substantive. Da sie mit einem vorausgehenden Substantiv eine Genitiv-Possessiv-Verbindung eingehen, können sie als Postpositionen mit dem Genitiv bezeichnet werden:

алд	Vorderseite; vor	ара	Zwischenraum; zwischen
арка/арт	Rückseite; hinter	үст	Oberseite; oberhalb, auf
жан	Seite; neben, bei	аст	Unterseite; unter
каршы	Gegenüber; gegenüber	ич	Inneres; innerhalb, in
орто	Mitte; inmitten	сырт/тыш	Äußeres; außerhalb

Балдар алдыбызда токтошту.	Die Kinder sind vor uns stehen geblieben.
Балдар үйдүн алдында токтошту.	Die Kinder sind vor dem Haus stehen geblieben.
Балдар үйүбүздүн алдында токтошту.	Die Kinder sind vor unserem Haus stehen geblieben.
Балдар үйүбүздүн алдынан өтүштү.	Die Kinder sind vor unserem Haus vorbeigegangen.

Балдар арабызда токтошту.	Die Kinder sind zwischen uns stehen geblieben.
Балдар үйлөрүбүздүн арасынан өтүштү.	Die Kinder sind zwischen unseren Häusern hindurchgegangen.

Gehen zwei Substantive voraus, wird das sie verbindende *und* durch **менен** ausgedrückt, und nur das zweite Substantiv erhält das Genitivsuffix:

Балдар мектеп менен үйүбүздүн арасынан өтүштү.	Die Kinder sind zwischen der Schule und unserem Haus hindurchgegangen.

3. Postpositionen mit dem Dativ

Folgende Postpositionen regieren den Dativ:

чейин, дейре (räumlich und zeitlich) *bis:*

Бул автобус Бишкекке чейин барабы?	Fährt dieser Bus bis nach Bischkek?
Саат тогуздан бешке чейин иштедик.	Wir haben von neun bis fünf Uhr gearbeitet.

карап, карай *mit Blick auf, in Richtung*:

Меймандар Ысык-Көлгө карай кетишти.	Die Gäste sind in Richtung Isyk-Kul abgereist.

караганда *mit Blick auf, im Vergleich zu*:

Азаматка караганда Руслан жакшы окуучу.	Im Vergleich zu Azamat ist Ruslan ein guter Schüler.

карабай, карабастан *ungeachtet, trotz*:

Жаанга карабай шаарга бардык.	Wir sind trotz des Regens in die Stadt gefahren.

каршы *entgegen, gegen*:

Баш ооруга каршы дарыңыз барбы?	Haben Sie ein Medikament gegen Kopfschmerzen?

жараша *entsprechend*:

Биз килемди өз наркына жараша баалап чыктык.	Wir haben den Teppich seinem Wert entsprechend geschätzt.

4. Postpositionen mit dem Ablativ

Den Ablativ regieren folgende Postpositionen:

башка *ein anderer (als), abgesehen von, außer*:

| Бизден башка келген жок. | Außer uns ist niemand gekommen. |

баштап, тартып *angefangen von, von ... an*:

| Мен августтан баштап Бишкекте боломв. | Ich werde ab August in Bischkek sein. |

Korrektur:

| Мен августтан баштап Бишкекте болом. | Ich werde ab August in Bischkek sein. |

бери *seit*:

| Үч айдан бери кыргыз тилин үйрөнөбүз. | Wir lernen seit drei Monaten Kirgisisch. |

көрө *mit Blick auf, im Vergleich zu*:

| Жайдан көрө жаз салкын. | Im Vergleich zum Sommer ist der Frühling kühl. |

кийин *nachher, danach, später (als), nach*:

| Иштен кийин жасалма көлмөгө баралы. | Lasst uns nach der Arbeit ins Freibad gehen. |

мурун *vorher, davor, früher (als), vor*:

| Майрамдан мурун келем. | Ich werde vor dem Fest kommen. |

Bei **кийин** erhalten auch Zeitangaben das Ablativsuffix, bei **мурун** hingegen nicht:

| Мен эки күндөн кийин келем. | Ich komme in zwei Tagen. |
| Мен эки күн мурун келдим. | Ich bin vor zwei Tagen gekommen. |

VII. Das Hilfsverb *sein* sowie **бар** und **жок**

1. Das Präsens

Für die 1. und 2. Personen des Präsens des Hilfsverbs *sein* verwendet das Kirgisische Suffixe, die aus nachgestellten Personalpronomina, auch denjenigen der formellen Anrede, entstanden sind und unbetont bleiben. Eine Kopula für die 3. Person ist entbehrlich:

Балдар кайда?	Wo sind die Kinder?
Алар мектепте.	Sie sind in der Schule.
Жакшысызбы?	Geht es Ihnen gut?
Ыракмат, жакшы(мын);	Danke, (es geht mir) gut;
өзүңүз кандайсыз?	und wie geht es Ihnen selbst?
Мен дагы (жакшымын).	Mir (geht es) auch (gut).
Кайдасың? Үйдөсүңбү?	Wo bist du? Bist du zu Hause?
Жок, мен үйдө эмесмин, азыркыча шаардамын.	Nein, ich bin nicht zu Hause, ich bin gerade in der Stadt.

Prädikatsnomen	Negation	präsentische Personalendungen		Fragepartikel
студент	эмес	-мин	ich bin	-би
мектепте		-сиң	du bist	
эмгекчил		-сиз	Sie sind (Sg.)	
		---	er/sie ist	
		-биз	wir sind	
		-сиңер	ihr seid	
		-сиздер	Sie sind (Pl.)	
		---	sie sind	

-е/-и	-ө/-ү	-а/-ы	-о/-у
студентмин	дүкөнчүмүн	балыкчымын	жумушчумун
ich bin Student	*ich bin Kaufmann*	*ich bin Fischer*	*ich bin Arbeiter*

студентмин	ich bin Student
студентсиң	du bist Student
студентсиз	Sie sind Student
ал студент	er/sie ist Student(in)
студентпиз	wir sind Studenten
студентсиңер	ihr seid Studenten
студентсиздер	Sie sind Studenten
алар студент	sie sind Studenten

Die Verneinung erfolgt durch das selbständige Wort **эмес** *nicht*:

студент эмесмин	ich bin kein Student
студент эмессиң	du bist kein Student
студент эмессиз	Sie sind kein Student
ал студент эмес	er/sie ist kein(e) Student(in)
студент эмеспиз	wir sind keine Studenten
студент эмессиңер	ihr seid keine Studenten
студент эмессиздер	Sie sind keine Studenten
алар студент эмес	sie sind keine Studenten

студентсиңби?	bist du Student?
студентсизби?	sind Sie Student?
ал студентпи?	ist er/sie Student(in)?
студентсиңерби?	seid ihr Studenten?
студентсиздерби?	sind Sie Studenten?
алар студентпи?	sind sie Studenten?

студент эмессиңби?	bist du nicht Student?
студент эмессизби?	sind Sie nicht Student?
ал студент эмеспи?	ist er/sie nicht Student(in)?
студент эмессиңерби?	seid ihr nicht Studenten?
студент эмессиздерби?	sind Sie nicht Studenten?
алар студент эмеспи?	sind sie nicht Studenten?

Das Präsens von **бар** *vorhanden* und **жок** *nicht vorhanden* lautet:

Үйдө чай бар.	Zu Hause ist Tee vorhanden = zu Hause gibt es Tee.
Үйдө чай жок.	Zu Hause ist Tee nicht vorhanden = zu Hause gibt es keinen Tee.

2. Das Verb **бол-**

Zwar besitzt das Kirgisische ein Hilfsverb *sein* auf der Basis eines als defekt bezeichneten Verbstamms э-. Dieser Verbstamm tritt jedoch nur in einigen wenigen eigenen Formen (**эмес**, **экен**, **эмиш/имиш**, **элек**, **эле**) auf. Für die meisten Bildungen verwendet es daher das Verb **бол-,** das neben *werden*, *geschehen*, *stattfinden*, *sich ereignen* auch die Bedeutungen *sein*, *in Ordnung sein*, *möglich sein* und *vorhanden sein* erhält:

Мен эртең үйдө болом.	Ich werde morgen zu Hause sein.
Эртең той болот.	Morgen findet ein Fest statt.
Биз кечээ шаарда болдук.	Wir waren gestern in der Stadt.

3. Die Form **экен**

Die Form **экен** ist das Partizip Perfekt des Hilfsverbs *sein* (vgl. S. 79), das in Märchen noch seine ursprüngliche Perfektbedeutung besitzt:

Бар экен, жок экен ...	Es gab einmal, es gab einmal nicht ...

In seinem prädikativen Gebrauch ist dieses Partizip mit der gleichlautenden Dubitativpartikel **экен** verschmolzen. Durch sie macht der Sprecher deutlich, dass es sich bei seiner Aussage nicht um eine Sachaussage, sondern um seine persönliche Einschätzung oder Vermutung handelt:

Сиз кыргыз эмес экенсиз.	Sie sind wohl kein Kirgise.
Китеп кызыктуу экен.	Das Buch scheint interessant zu sein.
Тамагыңар аябай даамдуу экен.	Euer Essen ist sehr schmackhaft.

Prädikatsnomen	Negation	Fragepartikel		Präsentische Personalendungen
студент	эмес	-би	экен	-мин
мектепте				-сиң
эмгекчил				-сиз

				-биз
				-сиңер
				-сиздер

студент экенмин	ich bin wohl Student
студент экенсиң	du bist wohl Student
студент экенсиз	Sie sind wohl Student
ал студент экен	er/sie ist wohl Student(in)
студент экенбиз	wir sind wohl Studenten
студент экенсиңер	ihr seid wohl Studenten
студент экенсиздер	Sie sind wohl Studenten
адар студент экен	sie sind wohl Studenten

студент эмес экенмин	ich bin wohl kein Student
студент эмес экенсиң	du bist wohl kein Student
студент эмес экенсиз	Sie sind wohl kein Student
ал студент эмес экен	er/sie ist wohl kein(e) Student(in)
студент эмес экенбиз	wir sind wohl keine Studenten
студент эмес экенсиңер	ihr seid wohl keine Studenten
студент эмес экенсиздер	Sie sind wohl keine Studenten
адар студент эмес экен	sie sind wohl keine Studenten

Die Fragepartikel verschmilzt mit **экен** zu **бекен**:

Ал студент бекен?	Ob er/sie wohl Student(in) ist?
Чай бар бекен?	Ob es wohl Tee gibt?

4. Die Form имиш/эмиш

Die Form **имиш** wird selten verwendet. Auch sie bringt zum Ausdruck, dass man nicht Augenzeuge des Geschehens ist oder war. Anders als bei **экен** macht der Sprecher durch diese Form jedoch deutlich, dass er erhebliche Zweifel an der Richtigkeit der gemachten Aussage hat:

| Силер студент имишсинер. | Ihr sollt angeblich Studenten sein/ es wird behauptet, ihr seid Studenten. |

5. Die Form элек

Die Form **элек** bezeichnet eine Person, die die beschriebene Handlung noch nicht durchgeführt hat. Ihr Gebrauch als Prädikatsnomen ist auf die Zusammensetzung mit dem Präsens-Futur des Vollverbs beschränkt (vgl. S. 66).

6. Die Form эле

Die Form **эле** ist das Perfekt/Präteritum des Hilfsverbs *sein*. Zur Bezeichnung der einzelnen Personen erhält sie die gleichen Personalendungen wie das Perfekt des Vollverbs (vgl. S. 54):

элем	ich war
элең	du warst
элеңиз	Sie waren
эле	er/sie war
элек	wir waren
эленер	ihr wart
элеңиздер	Sie waren
эле	sie waren

| Мен шаарда элем. | Ich war (zu jenem Zeitpunkt gerade) in der Stadt. |

Um das Perfekt des Hilfsverbs *sein* auszudrücken, verwendet das Kirgisische meist das Verb **бол-**; demgegenüber wird **эле** vor allem in Zusammensetzungen mit Zeiten und Modi des Vollverbs eingesetzt (vgl. S. 66).

VIII. Zeiten und Modi des Vollverbs

1. Der Infinitiv des kirgisischen Verbs

Der Infinitiv des kirgisischen Vollverbs setzt sich zusammen aus dem Verbstamm und einer nomenbildenden Endung **-үү**. Da diese Endung einem besonderen Lautgesetz unterliegt (vgl. S. 73), wird im Folgenden lediglich der Verbstamm als Grundform eines Verbs angegeben:

Verbstamm	-e/-и	-ө/-γ	-a/-ы	-y	-o
auf Vokal	иште- *arbeiten*	сүйлө- *sprechen*	кара- *schauen*	оку- *lesen*	ойно- *spielen*
auf stimmhafte Konsonanten	бер- *geben*	көр- *sehen*	жаз- *schreiben*		бол- *werden*
auf stimmlose Konsonanten	ич- *trinken*	күт- *warten*	чык- *ausgehen*	ук- *hören*	

Die Verneinung im Zusammenhang mit dem Vollverb wird durch ein Suffix **-бе** gebildet, das sich direkt an den Verbstamm anschließt:

Verbstamm	-e/-и	-ө/-γ	-a/-ы	-y	-o
auf Vokal	иштебе-	сүйлөбө-	караба-	окуба-	ойнобо-
auf stimmhafte Konsonanten	бербе-	көрбө-	жазба-		болбо-
auf stimmlose Konsonanten	ичпе-	күтпө-	чыкпа-	укпа-	

Zur Bildung der einzelnen finiten Formen schließt sich an Verbstamm und ggfs. Verneinungssilbe derjenige Bestandteil an, der einen bestimmten zeitlichen oder modalen Aspekt beinhaltet; er wird im Folgenden als Themasuffix bezeichnet. Ein Teil der auf diese Art entstandenen Formen sind Partizipien (vgl. Kap. IX), die an dieser Stelle als Prädikatsnomina dienen und zur Bezeichnung der einzelnen Personen die präsentischen Personalendungen erhalten:

	ich bin einer, der ...	
берермин	... vielleicht geben wird	= ich werde vielleicht geben
берүүдөмүн	... am Geben ist	= ich gebe gerade
бермек(чи)мин	... vorhat, zu geben	= ich habe vor, zu geben
бергенмин	... gegeben hat	= ich habe gegeben
бер(үү)чүмүн	... regelmäßig gegeben hat	= ich pflegte zu geben

Bei ihnen kann die Negation je nach Gewichtung – ausgenommen beim Partizip auf **-(e)p** – durch **эмес** oder auch durch **-бе** erfolgen:

Мен үйлөнгөн **эмес**мин,	Ich bin **nicht** verheiratet;
мен үйлөн**бө**гөнмүн.	ich bin **un**verheiratet.

Wie beim Hilfsverb *sein* (vgl. S. 37) besitzt die 3. Person keine eigene Personalendung; bei den Aussageformen des Präsens-Futur auf **-e/-й**, nicht jedoch in den Frageformen, erhält sie ein **-т**, ein Relikt des Verbs **тур-** *stehen, leben* (vgl. S. 98):

ал берет	er/sie gibt
ал береби?	gibt er/sie?

Da in der 3. Person Plural das Subjekt der Handlung selbst im Plural steht, ist eine Pluralendung beim Verb an und für sich überflüssig. Häufig wird jedoch das Reziproksuffix **-(и)ш** (vgl. S. 107) zusätzlich eingesetzt, das direkt auf den Verbstamm folgt und zugleich ein gemeinschaftliches Handeln einzelner Personen beinhaltet:

алар беришет	sie geben

2. Präsens- und Futurformen

a) Das Präsens-Futur auf -e/-й

Durch diese Form wird eine Tätigkeit ausgedrückt, die man gewohnheitsmäßig ausübt, grundsätzlich auszuüben bereit ist oder in der Zukunft ausüben wird. Durch die Frageform kann darüber hinaus eine Bitte zum Ausdruck gebracht werden:

Биз ар күнү базарга барабыз.	Wir gehen jeden Tag auf den Markt.
Биз эртең базарга барабыз.	Wir werden morgen auf den Markt gehen.
Мен азыр келем.	Ich komme gleich.
Терезени ачасызбы?	Würden Sie das Fenster öffnen?
Куш учат, балык сүзөт, жер өз огунда айланат.	Der Vogel fliegt, der Fisch schwimmt, die Erde dreht sich um ihre Achse.

Verbstamm	Negation	Themasuffix	Präsentische Personalendungen	Fragepartikel
бер-	-бе	nach Kons. -е	-м(ин)	-би
		nach Vokal -й	-сиң	
			-сиз	
			-(т)	
			-биз	
			-сиңер	
			-сиздер	
			-(т)	

-е/-и	-ө/-ү	-а/-ы	-у	-о
иштейт	сүйлөйт	карайт	окуйт	ойнойт
иштебейт	сүйлөбөйт	карабайт	окубайт	ойнобойт
берет	көрөт	жазат		болот
бербейт	көрбөйт	жазбайт		болбойт
ичет	күтөт	чыгат	угат	
ичпейт	күтпөйт	чыкпайт	укпайт	

Zeiten und Modi des Vollverbs

Die Endung der 1. Person Singular wird meist auf **-м** verkürzt:

берем	ich gebe
бересиң	du gibst
бересиз	Sie geben
ал берет	er/sie gibt
беребиз	wir geben
бересиңер	ihr gebt
бересиздер	Sie geben
алар беришет	sie geben

бербейм	ich gebe nicht
бербейсиң	du gibst nicht
бербейсиз	Sie geben nicht
ал бербейт	er/sie gibt nicht
бербейбиз	wir geben nicht
бербейсиңер	ihr gebt nicht
бербейсиздер	Sie geben nicht
алар беришпейт	sie geben nicht

бересиңби?	gibst du?
бересизби?	geben Sie?
ал береби?	gibt er/sie?
бересиңерби?	gebt ihr?
бересиздерби?	geben Sie?
алар беришеби?	geben sie?

бербейсиңби?	gibst du nicht?
бербейсизби?	geben Sie nicht?
ал бербейби?	gibt er/sie nicht?
бербейсиңерби?	gebt ihr nicht?
бербейсиздерби?	geben Sie nicht?
алар беришпейби?	geben sie nicht?

b) Das unbestimmte Präsens-Futur auf **-(e)p**, neg. **-бес**

Durch dieses Partizip (vgl. S. 83) wird eine Handlung beschrieben, die in der Zukunft möglicherweise eintreten bzw. nicht eintreten wird. Oft handelt es sich dabei lediglich um eine unverbindliche Absichtserklärung:

Эртең жайлоого чыгармын.	Möglicherweise ziehe ich morgen auf die Sommerweide.
Ал күндөр эсимден чыкпас.	Jene Tage werde ich nicht vergessen.

	Partizip	Präsentische Personalendungen	Fragepartikel
бер-	bejaht -(e)p	-мин	-би
	negiert -бес	-сиң	
		-сиз	

		-биз	
		-сиңер	
		-сиздер	

Bei Verbstämmen, die auf Vokal enden, kann dieser verdoppelt auftreten; ausgenommen sind Verbstämme auf **-и** und **-ы**:

-е/-и	-ө/-ү	-а/-ы	-у	-о
иштэ(э)р	сүйлө(ө)р	кара(а)р	оку(у)р	ойно(о)р
иштебес	сүйлөбөс	карабас	окубас	ойнобос
берер	көрөр	жазар		болор
бербес	көрбөс	жазбас		болбос
ичер	күтөр	чыгар	угар	
ичпес	күтпөс	чыкпас	укпас	

Das unbestimmte Präsens-Futur des Verbs **жат-** *liegen* lautet **жатыр**; Verbstämme, die auf Doppelvokal enden, können ein **б** anstelle des zweiten Vokals erhalten:

жуу-	waschen	жубар	er/sie wäscht

Zeiten und Modi des Vollverbs

берермин	ich werde vielleicht geben
берерсиң	du wirst vielleicht geben
берерсиз	Sie werden vielleicht geben
ал берер	er/sie wird vielleicht geben
бербиз	wir werden vielleicht geben
берерсиңер	ihr werdet vielleicht geben
берерсиздер	Sie werden vielleicht geben
алар беришер	sie werden vielleicht geben

бербесмин	ich werde vielleicht nicht geben
бербессиң	du wirst vielleicht nicht geben
бербессиз	Sie werden vielleicht nicht geben
ал бербес	er/sie wird vielleicht nicht geben
бербеспиз	wir werden vielleicht nicht geben
бербессиңер	ihr werdet vielleicht nicht geben
бербессиздер	Sie werden vielleicht nicht geben
алар беришпес	sie werden vielleicht nicht geben

берерсиңби?	wirst du vielleicht geben?
берерсизби?	werden Sie vielleicht geben?
ал берерби?	wird er/sie vielleicht geben?
берерсиңерби?	werdet ihr vielleicht geben?
берерсиздерби?	werden Sie vielleicht geben?
алар беришерби?	werden sie vielleicht geben?

бербессиңби?	wirst du nicht vielleicht geben?
бербессизби?	werden Sie nicht vielleicht geben?
ал бербеспи?	wird er/sie nicht vielleicht geben?
бербессиңерби?	werdet ihr nicht vielleicht geben?
бербессиздерби?	werden Sie nicht vielleicht geben?
алар беришпеспи?	werden sie nicht vielleicht geben?

c) Das Präsens auf -(и)п жат-

Die sich im Augenblick des Sprechens vollziehende Handlung wird gebildet, indem man das Hauptverb in die Konverbform auf **-(и)п**, neg. **-бей**, setzt (vgl. S. 88) und das Verb **жат-** *liegen* im Präsens-Futur folgen lässt:

Эмне кылып жатасыңар?	Was macht ihr gerade?
Иштеп жатабыз.	Wir arbeiten.

Die Verben **кел-** *kommen* und **бар-** *gehen* bilden in diesem Zusammenhang nicht die Konverbform auf **-(и)п**, sondern diejenige auf **-е** (vgl. S. 85):

Биз киного бара жатабыз.	Wir gehen ins Kino.
Поезд келе жатат.	Der Zug kommt.

Hauptverb		Hilfsverb			
Verb-stamm	Konverb-suffix	Verb-stamm	Thema-suffix	Präs. Pers. Endungen	Frage-partikel
бер-	bejaht -(и)п	жат-	-а	-м(ын)	-бы
	negiert -бей			-сың	
				-сыз	
				-(т)	
				-быз	
				-сыңар	
				-сыздар	
				-(т)	

-е/-и	-ө/-ү	-а/-ы	-у	-о
иштеп	сүйлөп	карап	окуп	ойноп
иштебей	сүйлөбөй	карабай	окубай	ойнобой
берип	көрүп	жазып		болуп
бербей	көрбөй	жазбай		болбой
ичип	күтүп	чыгып	угуп	
ичпей	күтпөй	чыкпай	укпай	

берип жатам	ich gebe
берип жатасың	du gibst
берип жатасыз	Sie geben
ал берип жатат	er/sie gibt
берип жатабыз	wir geben
берип жатасыңар	ihr gebt
берип жатасыздар	Sie geben
алар берип жатышат	sie geben

бербей жатам	ich gebe nicht
бербей жатасың	du gibst nicht
бербей жатасыз	Sie geben nicht
ал бербей жатат	er/sie gibt nicht
бербей жатабыз	wir geben nicht
бербей жатасыңар	ihr gebt nicht
бербей жатасыздар	Sie geben nicht
алар бербей жатышат	sie geben nicht

берип жатасыңбы?	gibst du?
берип жатасызбы?	geben Sie?
ал берип жатабы?	gibt er/sie?
берип жатасыңарбы?	gebt ihr?
берип жатасыздарбы?	geben Sie?
алар берип жатышабы?	geben sie?

бербей жатасыңбы?	gibst du nicht?
бербей жатасызбы?	geben Sie nicht?
ал бербей жатабы?	gibt er/sie nicht?
бербей жатасыңарбы?	gebt ihr nicht?
бербей жатасыздарбы?	geben Sie nicht?
алар бербей жатышабы?	geben sie nicht?

d) Das Präsens auf **-үүдө**

Der Lokativ des Verbalnomens auf **-үү** (vgl. S. 73) drückt eine Handlung aus, die sich mit zeitlichen Unterbrechungen in der Gegenwart vollzieht. Diese Form findet vor allem in der Nachrichten- und Zeitungssprache Verwendung:

Тараптар сүйлөшүүдө.	Die Parteien befinden sich in Verhandlungen.
Бул үй салынууда.	Dieses Haus befindet sich im Bau.
Мен китеп жазуудамын.	Ich bin dabei, ein Buch zu schreiben.

Eine etwas veraltete, aber durchaus anzutreffende Form mit derselben Bedeutung ist **-мекте**:

Аман-эсен турмактабыз.	Wir leben gesund und munter.

Partizip		Negation	Präsentische Personalendungen	Fragepartikel
бер-	-үүдө	эмес	-мин	-би
			-сиң	
			-сиз	

			-биз	
			-сиңер	
			-сиздер	

-е/-и	-ө/-ү	-а/-ы	-у	-о
иштөөдө	сүйлөөдө	кароода	окууда	ойноодо
берүүдө	көрүүдө	жазууда		болууда
ичүүдө	күтүүдө	чыгууда	угууда	

берүүдөмүн	ich bin dabei, zu geben
берүүдөсүң	du bist dabei, zu geben
берүүдөсүз	Sie sind dabei, zu geben
ал берүүдө	er/sie ist dabei, zu geben
берүүдөбүз	wir sind dabei, zu geben
берүүдөсүнөр	ihr seid dabei, zu geben
берүүдөсүздөр	Sie sind dabei, zu geben
алар беришүүдө	sie sind dabei, zu geben

берүүдө эмесмин	ich bin nicht dabei, zu geben
берүүдө эмессиң	du bist nicht dabei, zu geben
берүүдө эмессиз	Sie sind nicht dabei, zu geben
ал берүүдө эмес	er/sie ist nicht dabei, zu geben
берүүдө эмеспиз	wir sind nicht dabei, zu geben
берүүдө эмессинер	ihr seid nicht dabei, zu geben
берүүдө эмессиздер	Sie sind nicht dabei, zu geben
алар беришүүдө эмес	sie sind nicht dabei, zu geben

берүүдөсүңбү?	bist du dabei, zu geben?
берүүдөсүзбү?	sind Sie dabei, zu geben?
ал берүүдөбү?	ist er/sie dabei, zu geben?
берүүдөсүнөрбү?	seid ihr dabei, zu geben?
берүүдөсүздөрбү?	sind Sie dabei, zu geben?
алар беришүүдөбү ?	sind sie dabei, zu geben?

берүүдө эмессиңби?	bist du nicht dabei, zu geben?
берүүдө эмессизби?	sind Sie nicht dabei, zu geben?
ал берүүдө эмеспи?	ist er/sie nicht dabei, zu geben?
берүүдө эмессинерби?	seid ihr nicht dabei, zu geben?
берүүдө эмессиздерби?	sind Sie nicht dabei, zu geben?
алар беришүүдө эмеспи?	sind sie nicht dabei, zu geben?

e) Die Form auf -мек(чи)

Dieses Partizip drückt eine Handlung aus, die unmittelbar bevorsteht, da sie beabsichtigt, gewünscht oder notwendig ist. Sie kann daher sowohl mit *ich bin entschlossen, ich beabsichtige* als auch mit *ich möchte* oder *ich sollte* wiedergegeben werden:

Биз эртең жөнөмөкчүбүз/ биз эртең жөнөмөкпүз.	Wir haben vor, morgen abzureisen/ wir sollten morgen abreisen.
Тамак үчүн керектүү нерселерди сатып алууга бармакчыбыз.	Wir sollten die für das Essen notwendigen Dinge einkaufen gehen.
Атаңарга кат жазмакчысыңар.	Ihr solltet eurem Vater einen Brief schreiben.
Бул кызматты мен иштемек(чи) эмесмин.	Ich habe nicht vor, diese Arbeit zu verrichten.
Мен бармак(чы) эмесмин, сен бармак(чы)сың.	Ich habe nicht vor zu gehen; du bist es, der gehen möchte/sollte.

	Partizip	Negation	Präsentische Personalendungen	Fragepartikel
бер-	-мек(чи)	эмес	-мин	-би
			-сиң	
			-сиз	

			-биз	
			-сиңер	
			-сиздер	

-е/-и	-ө/-ү	-а/-ы	-у	-о
иштемекчи	сүйлөмөкчү	карамакчы	окумакчы	ойномокчу
бермекчи	көрмөкчү	жазмакчы		болмокчу
ичмекчи	күтмөкчү	чыкмакчы	укмакчы	

Zeiten und Modi des Vollverbs 53

бермек(чи)мин	ich habe vor, zu geben
бермек(чи)сиң	du hast vor, zu geben
бермек(чи)сиз	Sie haben vor, zu geben
ал бермек(чи)	er/sie hat vor, zu geben
бермекчибиз/бермекпиз	wir haben vor, zu geben
бермек(чи)сиңер	ihr habt vor, zu geben
бермек(чи)сиздер	Sie haben vor, zu geben
алар беришмек(чи)	sie haben vor, zu geben

бермек(чи) эмесмин	ich habe nicht vor, zu geben
бермек(чи) эмессиң	du hast nicht vor, zu geben
бермек(чи) эмессиз	Sie haben nicht vor, zu geben
ал бермек(чи) эмес	er/sie hat nicht vor, zu geben
бермек(чи) эмеспиз	wir haben nicht vor, zu geben
бермек(чи) эмессиңер	ihr habt nicht vor, zu geben
бермек(чи) эмессиздер	Sie haben nicht vor, zu geben
алар беришмек(чи) эмес	sie haben nicht vor, zu geben

бермек(чи)сиңби?	hast du vor, zu geben?
бермек(чи)сизби?	haben Sie vor, zu geben?
ал бермек(чи)би?	hat er/sie vor, zu geben?
бермек(чи)сиңерби?	habt ihr vor, zu geben?
бермек(чи)сиздерби?	haben Sie vor, zu geben?
алар беришмек(чи)би?	haben sie vor, zu geben?

бермек(чи) эмессиңби?	hast du nicht vor, zu geben?
бермек(чи) эмессизби?	haben Sie nicht vor, zu geben?
ал бермек(чи) эмеспи?	hat er/sie nicht vor, zu geben?
бермек(чи) эмессиңерби?	habt ihr nicht vor, zu geben?
бермек(чи) эмессиздерби?	haben Sie nicht vor, zu geben?
алар беришмек(чи) эмеспи?	haben sie nicht vor, zu geben?

3. Perfektformen

a) Das Perfekt auf -ди

Diese Zeitform entspricht dem deutschen Perfekt, d.h. die beschriebene Handlung wurde durchgeführt und zu einem Abschluss gebracht. Das Themasuffix lautet -д; die Personen werden mit einer einzigen Abweichung durch Possessivsuffixe ausgedrückt, die mit dem Themasuffix eine Einheit bilden – sie werden im Folgenden als perfektische Personalendungen bezeichnet:

Кечээ эмне кылдыңар?	Was habt ihr gestern gemacht?
Биз эртеден кечке чейин иштедик.	Wir haben von morgens bis abends gearbeitet.
Мен бул китепти окудум.	Ich habe dieses Buch gelesen (und kann jetzt etwas anderes tun).

Verbstamm	Negation	Perfektische Personalendungen	Fragepartikel
бер-	-бе	-дим	-би
		-диң	
		-диңиз	
		-ди	
		-дик	
		-диңер	
		-диңиздер	
		-ди	

-е/-и	-ө/-ү	-а/-ы	-у	-о
иштеди	сүйлөдү	карады	окуду	ойноду
иштебеди	сүйлөбөдү	карабады	окубады	ойнободу
берди	көрдү	жазды		болду
бербеди	көрбөдү	жазбады		болбоду
ичти	күттү	чыкты	укту	
ичпеди	күтпөдү	чыкпады	укпады	

бердим	ich habe gegeben
бердиң	du hast gegeben
бердиңиз	Sie haben gegeben
ал берди	er/sie hat gegeben
бердик	wir haben gegeben
бердиңер	ihr habt gegeben
бердиңиздер	Sie haben gegeben
алар беришти	sie haben gegeben

бербедим	ich habe nicht gegeben
бербедиң	du hast nicht gegeben
бербедиңиз	Sie haben nicht gegeben
ал бербеди	er/sie hat nicht gegeben
бербедик	wir haben nicht gegeben
бербедиңер	ihr habt nicht gegeben
бербедиңиздер	Sie haben nicht gegeben
алар беришпеди	sie haben nicht gegeben

бердиңби?	hast du gegeben?
бердиңизби?	haben Sie gegeben?
ал бердиби?	hat er/sie gegeben?
бердиңерби?	habt ihr gegeben?
бердиңиздерби?	haben Sie gegeben?
алар бериштиби?	haben sie gegeben?

бербедиңби?	hast du nicht gegeben?
бербедиңизби?	haben Sie nicht gegeben?
ал бербедиби?	hat er/sie nicht gegeben?
бербедиңерби?	habt ihr nicht gegeben?
бербедиңиздерби?	haben Sie nicht gegeben?
алар беришпедиби?	haben sie nicht gegeben?

b) Das Perfekt auf **-ген**

Das Partizip Perfekt auf **-ген** (vgl. S. 80) drückt als Prädikatsnomen eine Tätigkeit aus, die in der Vergangenheit stattgefunden hat und noch bis in die Gegenwart nachwirkt bzw. Gültigkeit besitzt:

Чыңгыз Айтматов Таластын Шекер айлында 1928-жылы туулган.	Tschingis Ajtmatov wurde im Jahre 1928 im Dorf Scheker von Talas geboren.
Мен бул китепти окуганмын.	Ich habe dieses Buch gelesen (ich weiß jetzt, was darin steht).
Сиз үйлөнгөнсүзбү?	Sind Sie verheiratet?

Die Verneinung kann auf vier Arten erfolgen:

Мен үйлөнгөн эмесмин/ мен үйлөнбөгөнмүн/ мен үйлөнгөн жокмун/ үйлөнгөнүм жок.	Ich bin nicht verheiratet/ ich bin unverheiratet/ ich bin keiner, der geheiratet hätte/ dass ich geheiratet haben soll, trifft nicht zu.

Partizip		Negation	Präsentische Personalendungen	Fragepartikel
бер-	-ген	эмес	-мин	-би
			-сиң	
			-сиз	

			-биз	
			-сиңер	
			-сиздер	

-е/-и	-ө/-ү	-а/-ы	-у	-о
иштеген	сүйлөгөн	караган	окуган	ойногон
берген	көргөн	жазган		болгон
ичкен	күткөн	чыккан	уккан	

Die 1. Person Singular wird meist in verkürzter Form wiedergegeben:

бергенмин, бергемин, бергем	ich habe gegeben
бергенсиң	du hast gegeben
бергенсиз	Sie haben gegeben
ал берген	er/sie hat gegeben
бергенбиз	wir haben gegeben
бергенсиңер	ihr habt gegeben
бергенсиздер	Sie haben gegeben
алар беришкен	sie haben gegeben

берген эмесмин	ich habe nicht gegeben
берген эмессиң	du hast nicht gegeben
берген эмессиз	Sie haben nicht gegeben
ал берген эмес	er/sie hat nicht gegeben
берген эмеспиз	wir haben nicht gegeben
берген эмессиңер	ihr habt nicht gegeben
берген эмессиздер	Sie haben nicht gegeben
алар беришкен эмес	sie haben nicht gegeben

бергенсиңби?	hast du gegeben?
бергенсизби?	haben Sie gegeben?
ал бергенби?	hat er/sie gegeben?
бергенсиңерби?	habt ihr gegeben?
бергенсиздерби?	haben Sie gegeben?
алар беришкенби?	haben sie gegeben?

берген эмессиңби?	hast du nicht gegeben?
берген эмессизби?	haben Sie nicht gegeben?
ал берген эмеспи?	hat er/sie nicht gegeben?
берген эмессиңерби?	habt ihr nicht gegeben?
берген эмессиздерби?	haben Sie nicht gegeben?
алар беришкен эмеспи?	haben sie nicht gegeben?

c) Das Perfekt auf **-(үү)чү**

Das um das Suffix zur Berufsbezeichnung (vgl. S. 101) erweiterte Verbalnomen auf **-үү** (vgl. S. 73) drückt als Prädikatsnomen eine in der Vergangenheit und unter Umständen bis in die Gegenwart hinein über einen längeren Zeitraum hinweg ausgeübte Tätigkeit aus. Heute wird **-үү** meist fortgelassen oder bei konsonantisch auslautenden Verbstämmen auf einen Vokal verkürzt:

Мен кичине кезде биздин үй-бүлө(бүз) Таласта туруучу.	Als ich klein war, wohnte unsere Familie in Talas.
Жыл сайын жайлоого чыкчубуз.	Wir pflegten jedes Jahr auf die Sommerweide zu ziehen.
Ал кезде мен окуганды билчү эмесмин.	Damals konnte ich (noch) nicht lesen.
Айылдагылар ошол жерди Дүйшөндүн мектеби деп койчу.	Die Leute im Dorf pflegten jenen Ort Düjschöns Schule zu nennen.

Partizip		Negation	Präsentische Personalendungen	Fragepartikel
бер-	-(үү)чү	эмес	-мин	-би
			-сиң	
			-сиз	

			-биз	
			-сиңер	
			-сиздер	

-е/-и	-ө/-ү	-а/-ы	-у	-о
иштечү	сүйлөчү	карачу	окучу	ойночу
бер(үү)чү	көр(үү)чү	жаз(уу)чу		бол(уу)чу
ич(үү)чү	күт(үү)чү	чыгуучу/чыкчу	угуучу/укчу	

Zeiten und Modi des Vollverbs 59

бер(үү)чүмүн	ich pflegte zu geben
бер(үү)чүсүң	du pflegtest zu geben
бер(үү)чүсүз	Sie pflegten zu geben
ал бер(үү)чү	er/sie pflegte zu geben
бер(үү)чүбүз	wir pflegten zu geben
бер(үү)чүсүңөр	ihr pflegtet zu geben
бер(үү)чүсүздөр	Sie pflegten zu geben
алар бериш(үү)чү	sie pflegten zu geben

бер(үү)чү эмесмин	ich pflegte nicht zu geben
бер(үү)чү эмессиң	du pflegtest nicht zu geben
бер(үү)чү эмессиз	Sie pflegten nicht zu geben
ал бер(үү)чү эмес	er/sie pflegte nicht zu geben
бер(үү)чү эмеспиз	wir pflegten nicht zu geben
бер(үү)чү эмессиңер	ihr pflegtet nicht zu geben
бер(үү)чү эмессиздер	Sie pflegten nicht zu geben
алар бериш(үү)чү эмес	sie pflegten nicht zu geben

бер(үү)чүсүңбү?	pflegtest du zu geben?
бер(үү)чүсүзбү?	pflegten Sie zu geben?
ал бер(үү)чүбү?	pflegte er/sie zu geben?
бер(үү)чүсүңөрбү?	pflegtet ihr zu geben?
бер(үү)чүсүздөрбү?	pflegten Sie zu geben?
алар бериш(үү)чүбү?	pflegten sie zu geben?

бер(үү)чү эмессиңби?	pflegtest du nicht zu geben?
бер(үү)чү эмессизби?	pflegten Sie nicht zu geben?
ал бер(үү)чү эмеспи?	pflegte er/sie nicht zu geben?
бер(үү)чү эмессиңерби?	pflegtet ihr nicht zu geben?
бер(үү)чү эмессиздерби?	pflegten Sie nicht zu geben?
алар бериш(үү)чү эмеспи?	pflegten sie nicht zu geben?

d) Das Perfekt auf **-(и)п** oder **-(и)птир**

Bei dieser Zeitform, die vor allem in Märchen anzutreffen ist, hat der Sprecher die berichtete Handlung zwar nicht selbst beobachtet bzw. bewusst miterlebt, dennoch gilt ihr Wahrheitsgehalt als unbestritten. In der Umgangssprache wird meist die Kurzform ohne die Endung **-тир** verwendet:

Илгери бир өткөн заманда азыркы Ысык-Көл турган жерде чоң шаар болуптур.	Früher, in vergangener Zeit, gab es einmal an der Stelle des heutigen Isyk-Kul eine große Stadt.
Асан аттан жыгылыптыр.	Hasan ist vom Pferd gestürzt.
Сиз катты туура адреске жиберебептирсиз.	Sie haben den Brief nicht an die richtige Adresse geschickt.
Мен бул китепти окуптурмун.	Ich meine, dieses Buch gelesen zu haben.
Мен нан алууну унутуптурмун.	Ich habe vergessen, Brot zu holen.

Verbstamm	Negation	Themasuffix	Präsentische Personalendungen
бер-	-бе	-(и)птир	-мин
			-сиң
			-сиз

			-биз
			-сиңер
			-сиздер

-e/-и	-ө/-ү	-a/-ы	-у	-о
иштептир	сүйлөптүр	караптыр	окуптур	ойноптур
иштебептир	сүйлөбөптүр	карабаптыр	окубаптыр	ойнобоптур
бериптир	көрүптүр	жазыптыр		болуптур
бербептир	көрбөптүр	жазбаптыр		болбоптур
ичиптир	күтүптүр	чыгыптыр	угуптур	
ичпептир	күтпөптүр	чыкпаптыр	укпаптыр	

бериптирмин	ich habe wohl gegeben
бериптирсиң	du hast wohl gegeben
бериптирсиз	Sie haben wohl gegeben
ал бериптир	er/sie hat wohl gegeben
бериптирбиз	wir haben wohl gegeben
бериптирсиңер	ihr habt wohl gegeben
бериптирсиздер	Sie haben wohl gegeben
алар беришиптир	sie haben wohl gegeben

бербептирмин	ich habe wohl nicht gegeben
бербептирсиң	du hast wohl nicht gegeben
бербептирсиз	Sie haben wohl nicht gegeben
ал бербептир	er/sie hat wohl nicht gegeben
бербептирбиз	wir haben wohl nicht gegeben
бербептирсиңер	ihr habt wohl nicht gegeben
бербептирсиздер	Sie haben wohl nicht gegeben
алар беришпептир	sie haben wohl nicht gegeben

4. Aufforderungsformen

a) Der Imperativ der 2. Personen

Der Imperativ der 2. Person Singular ist mit dem Verbstamm identisch. Zur Bildung des Imperativs der 2. Person Plural wird an Verbstamm bzw. die Verneinung das Suffix **-гиле** angefügt. Die Suffixe der Höflichkeitsformen lauten im Singular **-(и)ңиз**, im Plural **-(и)ңиздер**:

Жакшы бар!	Geh wohlbehalten; mach's gut!
Жакшы кал!	Bleib wohlbehalten (zurück)!
Жакшы уктагыла!	Schlaft gut!
Кириңиз, төргө өтүңүз!	Treten Sie (Sg.) ein, gehen Sie zum Ehrenplatz (hinüber)!
Келиңиздер, дасторконго отуруңуздар!	Kommen Sie (Pl.), setzen Sie sich zu Tisch!

Verbstamm	Negation	Imperativendungen	
бер-	-бе	---	2. P. Sg. informell
		-(и)ңиз	2. P. Sg. formell
		-гиле	2. P. Pl. informell
		-(и)ңиздер	2. P. Pl. formell

-е/-и	-ө/-ү	-а/-ы	-у	-о
иштегиле	сүйлөгүлө	карагыла	окугула	ойногула
иштебегиле	сүйлөбөгүлө	карабагыла	окубагыла	ойнобогула
бергиле	көргүлө	жазгыла		болгула
бербегиле	көрбөгүлө	жазбагыла		болбогула
ичкиле	күткүлө	чыккыла	уккула	
ичпегиле	күтпөгүлө	чыкпагыла	укпагыла	

| бер | gib | бериңиз | geben Sie |
| бергиле | gebt | бериңиздер | geben Sie |

| бербе | gib nicht | бербеңиз | geben Sie nicht |
| бербегиле | gebt nicht | бербеңиздер | geben Sie nicht |

Zeiten und Modi des Vollverbs 63

b) Der Imperativ der 3. Personen

Auch für die 3. Personen kennt das Kirgisische eine eigene Aufforderungsform; die deutsche Wiedergabe erfolgt durch das Hilfsverb *sollen*:

Жаңы жылыңыз куттуу болсун!	Möge Ihr neues Jahr glücklich sein = alles Gute zum neuen Jahr!
Жолуңуз ачылсын!	Möge sich Ihr Weg öffnen = gute Reise!
Тамагыңыз таттуу болсун!	Möge Ihr Essen schmackhaft sein = guten Appetit!
Тамеки чекилбесин!	Es soll/darf nicht geraucht werden = Rauchen verboten!

Verbstamm	Negation	Imperativendung	Fragepartikel
бер-	-бе	-син	-би

-е/-и	-ө/-ү	-а/-ы	-у	-о
иштесин	сүйлөсүн	карасын	окусун	ойносун
иштебесин	сүйлөбөсүн	карабасын	окубасын	ойнобосун
берсин	көрсүн	жазсын		болсун
бербесин	көрбөсүн	жазбасын		болбосун
ичсин	күтсүн	чыксын	уксун	
ичресин	күтпөсүн	чыкпасын	укпасын	

ал берсин	er/sie soll geben
алар беришсин	sie sollen geben

ал бербесин	er/sie soll nicht geben
алар бершипесин	sie sollen nicht geben

ал берсинби?	soll er/sie geben?
алар беришсинби?	sollen sie geben?

ал бербесинби?	soll er/sie nicht geben?
алар бершипесинби?	sollen sie nicht geben?

c) Der Optativ

Der kirgisische Optativ findet in den 1. Personen Anwendung. Er entspricht dem deutschen Modalverb *mögen*, in der Frageform dem Modalverb *sollen:*

Мен эмне кылайын?	Was soll ich tun?
Дагы бир аз күтөйүнбү?	Soll ich noch ein bisschen warten?
Биз кайда учурашалы?	Wo sollen wir uns treffen?
Шаардын борборунда учурашалы!	Treffen wir uns doch im Stadtzentrum!
Келгиле, чай ичели!	Kommt, lasst uns Tee trinken!

Verbstamm	Negation	Optativendungen		Fragepartikel
бер-	-бе	-(е)йин	1. P. Sg.	-би
		nach Kons. -ели(к)	1. P. Pl.	
		nach Vokal -йли(к)		

-е/-и	-ө/-ү	-а/-ы	-у	-о
иштейин	сүйлөйүн	карайын	окуйун	ойнойун
иштебейин	сүйлөбөйүн	карабайын	окубайын	ойнобойун
берейин	көрөйүн	жазайын		болойун
бербейин	көрбөйүн	жазбайын		болбойун
ичейин	күтөйүн	чыгайын	угайын	
ичпейин	күтпөйүн	чыкпайын	укпайын	

берейин	ich möchte geben, lasst mich geben
берели(к)	lasst uns geben

бербейин	ich möchte nicht geben
бербейли(к)	lasst uns nicht geben

берейинби?	soll ich geben?
берелиби?	sollen wir geben?

бербейинби?	soll ich nicht geben?
бербейлиби?	sollen wir nicht geben?

5. Zusammengesetzte Verbformen

Das Kirgisische besitzt eine Fülle weiterer Tempora und Modi des Vollverbs. So entsteht etwa durch Übertragung des Hilfsverbs **жат-** aus dem Präsens-Futur (vgl. S. 48) ins Perfekt ein Präteritum:

| Нан алып үйгө кайтып келе жаттым. | Ich holte Brot und kehrte nach Hause zurück. |
| Мен үйгө келгенде уулубуз уктап жатты. | Als ich nach Hause kam, schlief unser Sohn. |

Vor allem aber besteht die Möglichkeit, bei den einfachen Verbformen an die Stelle der präsentischen Personalendungen die Formen des Verbstamms **э-** des Hilfsverbs *sein* oder von **бол-** *werden* zu setzen.

a) Mit **экен** zusammengesetzte Verbformen

Durch Anfügen von **экен** (vgl. S. 39) entstehen die Formen der Vermutung:

Сиз кыргызча жакшы сүйлөйт экенсиз.	Sie sprechen gut Kirgisisch.
Сен китепти окубаган экенсиң.	Du hast das Buch wohl nicht gelesen.
Бул үйдө Чыңгыз Айтматов туручу экен.	In diesem Haus hat Tschingis Ajtmatov gewohnt.

In Fragesätzen wird der Dubitativ durch **бекен** zum Ausdruck gebracht:

Кино бүттү бекен?	Ob der Film schon zu Ende ist?
Катты жазбадың бекен?	Hast du den Brief nicht geschrieben?
Мага жардам бере алар бекенсиз?	Ob Sie mir wohl helfen könnten?

Die Bildung **-ген экен** kommt in ihrer Bedeutung der Verbform **-(и)птир** nahe; sie wird ebenfalls vorzugsweise in Märchen verwendet:

| Илгери бир өткөн заманда азыркы Ысык-Көл турган жерде чоң шаар болгон экен. | Früher, in vergangener Zeit, gab es einmal an der Stelle des heutigen Isyk-Kul eine große Stadt. |

b) Mit **имиш** zusammengesetzte Verbformen

Durch **имиш** macht der Sprecher deutlich, dass er erhebliche Zweifel an der Richtigkeit der gemachten Aussage hat:

Президент эртең келет имиш.	Angeblich wird der Präsident morgen kommen.
Кошунабыздын уулу доктур болгон имиш.	Der Sohn unseres Nachbarn soll angeblich Arzt geworden sein.

c) Mit **элек** zusammengesetzte Verbformen

Die Form **элек** bezeichnet eine Person, die die beschriebene Handlung noch nicht durchgeführt hat. Ihr Gebrauch als Prädikatsnomen ist auf die Zusammensetzung mit dem Präsens-Futur des Vollverbs beschränkt:

Бул алмалар быша элек.	Diese Äpfel sind noch nicht reif.
Сиз үйлөнө элексизби?	Sind Sie noch nicht verheiratet?
Мен китепти окуй элекмин.	Ich habe das Buch noch nicht gelesen.
Биз вокзалга барсак, поезд келе элек экен.	Als wir zum Bahnhof gelangen, ist der Zug noch nicht gekommen.

d) Mit **эле** zusammengesetzte Verbformen

Die Form **эле** erhält zur Bezeichnung der einzelnen Personen die perfektischen Personalendungen (vgl. S. 41). Mit ihrer Hilfe erfahren die einfachen Tempora und Modi des Vollverbs eine Übertragung in die Vergangenheit.

Aus Präsensformen wird dabei ein Präteritum:

Мен арабанын үстүнөн чөп түшүрүп жатат элем.	Ich war jemand, der gerade Heu vom Wagen wirft = ich war gerade dabei, Heu vom Wagen zu werfen.

Bei Futurformen wird durch **эле** die Durchführung der Handlung in Frage gestellt, so dass eine Art Konjunktiv entsteht:

Мен чай ичет элем.	Ich war jemand, der Tee trinken wird = ich würde gerne Tee trinken.
Күн ачык болсо, көлгө барат элем.	Wenn das Wetter schön wäre, würde ich an den See fahren.
Ак-Сай, Арпа жайлоолоруна кечээ кар жаамак элэ, бирок жаабаптыр.	Auf den Hochweiden von Ak-Say und Arpa hätte es gestern schneien sollen, aber es hat nicht geschneit.

Die Formen der Vergangenheit werden durch **эле** zu einem Plusquamperfekt. Das Perfekt auf **-ди** erhält in diesem Zusammenhang selbst die perfektischen Personalendungen. In Fragesätzen verschmilzt die Fragepartikel mit **эле** zu **беле**:

Сен китепти менден албадың беле?	Hattest du das Buch nicht von mir bekommen?
Мен кыргыз менен таанышкан элем.	Ich hatte (damals) die Bekanntschaft mit Kirgisen gemacht.
Былтыр жай серүүн болгон эле, быйыл ысык.	Letztes Jahr war der Sommer kühl gewesen, dieses Jahr ist er heiß.
Ушул үйдө атам тур(уу)чу эле.	In dem Haus hier hatte mein Vater gewohnt.
Кызыбыз кат жазыптыр эле, бирок катын биз албадык.	Unsere Tochter hatte einen Brief geschrieben, doch haben wir ihren Brief nicht bekommen.

e) Mit Bildungen von **бол-** zusammengesetzte Verbformen

Das Verb **бол-** *werden* vertritt das Hilfsverb *sein* in allen Tempora und Modi, in denen dieses keine eigenen Verbformen besitzt (vgl. S. 39). Durch die Verbindung des Partizips Perfekt auf **-ген** mit den Präsens-Futur-Formen von **бол-** entsteht eine Art Futur II:

| Алмалар бышкан болот. | Die Äpfel sind sicher reif. |
| Алмалар бышкан болор. | Die Äpfel dürften reif sein. |

Da das Perfekt des Hilfsverbs *sein* im Rahmen der zusammengesetzten Verbformen durch **эле** wiedergegeben wird, drücken die Perfektformen von **бол-**, **болду**, **болгон**, **болчу** in diesem Zusammenhang vor allem das Entstehen eines Zustands aus. Auch in dieser Bedeutung verbindet es sich ausschließlich mit Partizipien des Vollverbs:

Китепти окуп жаткан болдум.	Ich bin einer geworden, der das Buch (jetzt) liest = ich habe mich daran gemacht, das Buch zu lesen.
Мен окууга Бишкекке бара турган болдум.	Ich bin einer geworden, zur zum Studium nach Bischkek gehen wird = ich habe beschlossen, zum Studium nach Bischkek zu gehen.
Мен кыргызча үйрөнмөк(чү) болдум.	Ich bin einer geworden, der beabsichtigt, Kirgisisch zu lernen = ich habe beschlossen, Kirgisisch zu lernen.
Мен бул ишти кылмак(чы) болдум.	Ich bin einer geworden, der diese Arbeit machen soll = ich war gezwungen, diese Arbeit zu machen.
Мен кымыз ичүүчү болдум.	Ich bin einer geworden, der regelmäßig Kumys trinkt = ich habe mir angewöhnt, regelmäßig Kumys zu trinken.

8. Konditionale Verbformen

Zur Bildung von konditionalen Verbformen besitzt das Kirgisische ein Themasuffix **-ce**, an das sich die gleichen Personalendungen wie beim Perfekt anschließen. Die Form des Prädikats gibt darüber Auskunft, ob es sich um einen realen, potentialen oder irrealen Konditionalsatz handelt. Beim irrealen Konditional ist das Prädikat des Satzes die Verbindung eines Präsens-Futur mit **эле**:

Силер көлгө барсаңар, мен да барам.	Wenn ihr an den See geht, gehe ich auch.
Силер көлгө барсаңар, мен да барармын.	Falls ihr an den See gehen solltet, gehe ich vielleicht auch.
Силер көлгө барсаңар, мен да барат элем.	Wenn ihr an den See ginget, ginge ich auch.
Силер көлгө барсаңар, мен да барар элем.	Wenn ihr an den See gegangen wärt, wäre ich auch gegangen.

Verbstamm	Negation	Konditionale Personalendungen
бер-	-бе	-сем
		-сең
		-сеңиз
		-се
		-сек
		-сеңер
		-сеңиздер
		-се

-е/-и	-ө/-ү	-а/-ы	-у	-о
иштесе	сүйлөсө	караса	окуса	ойносо
иштебесе	сүйлөбөсө	карабаса	окубаса	ойнобосо
берсе	көрсө	жазса		болсо
бербесе	көрбөсө	жазбаса		болбосо
ичсе	күтсө	чыкса	укса	
ичпесе	күтпөсө	чыкпаса	укпаса	

берсем	wenn ich gebe
берсең	wenn du gibst
берсеңиз	wenn Sie (Sg.) geben
ал берсе	wenn er/sie gibt
берсек	wenn wir geben
берсеңер	wenn ihr gebt
берсеңиздер	wenn Sie (Pl.) geben
алар беришсе	wenn sie geben

бербесем	wenn ich nicht gebe
бербесең	wenn du nicht gibst
бербесеңиз	wenn Sie (Sg.) nicht geben
ал бербесе	wenn er/sie nicht gibt
бербесек	wenn wir nicht geben
бербесеңер	wenn ihr nicht gebt
бербесеңиздер	wenn Sie (Pl.) nicht geben
алар беришпесе	wenn sie nicht geben

Folgt auf die konditionale Verbform die Konjunktion **да** *auch*, entsteht ein Konzessivsatz:

Ойноп сүйлөсөң ла, ойлоп сүйлө!	Auch wenn du im Spiel/Scherz sprichst, denke (erst) und sprich dann!
Ушунчалык аракет кылып чуркасам да автобуска жетише алган жокмун.	Obwohl ich mich so sehr bemüht habe und gerannt bin, konnte ich den Bus nicht erreichen.

Sehr häufig finden sich Redewendungen, bei denen eine Form von **бол-** das Prädikat bildet:

Терезени ачсам болобу?	Ist es in Ordnung, wenn ich das Fenster öffne?
Вокзалга кайсы автобус менен барса болот?	Mit welchem Bus geht es, wenn man zum Bahnhof fährt = mit welchem Bus kommt man zum Bahnhof?

Fehlt der Hauptsatz, bleibt die konditionale Verbform als Vorschlag oder Bitte im Raum stehen:

Терезени ачсаңыз ...?	Wenn Sie vielleicht das Fenster öffnen würden ...?
Отура турсаңыз ...?	Wenn Sie vielleicht noch ein bisschen bleiben wollten ...?

Setzt man die 1. Personen in die Frageform, entsteht eine unentschlossene Frage:

Телефон чалсамбы?	Ob ich vielleicht anrufen sollte?
Күтө турсакпы?	Ob wir vielleicht warten sollten?
Айтсамбы, айтпасамбы?	Sollte ich (es) sagen oder nicht?

Lautet das Prädikat des Satzes **керек** *(es ist) notwendig*, wird eine Vermutung zum Ausdruck gebracht:

Коноктурубуз эртең келишсе керек.	Unsere Gäste dürften wohl morgen kommen.

Folgt **экен** auf die konditionalen Verbformen, wird ein dringender Wunsch wiedergegeben:

Биз эртең жайлоого чыксак экен!	Würden wir doch nur morgen auf die Sommerweide fahren!
Келсеңер экен!	Wenn ihr doch nur kämt!

Bisweilen kann das konditionale *wenn* auch zu einem temporalen *wenn* oder *als* werden. In einem solchen Fall enthält der Hauptsatz meist ein Prädikat mit **экен** oder dem Perfekt auf **-(и)птир**:

Биз вокзалга барсак, поезд келе элек экен.	Als wir zum Bahnhof gelangen, ist der Zug noch nicht gekommen.
Үйгө келсем, кызым дасторкон даярлаган экен.	Als ich nach Hause komme, hat meine Tochter (schon) den Esstisch gerichtet.

Vorzeitigkeit und Nachzeitigkeit sowie weitere Möglichkeiten der Differenzierung ergeben sich dadurch, dass man **болсо** hinter die Partizipien des Vollverbs stellt:

Сен иштеп жаткан болсоң, мен сага тоскоолдук бербейм.	Wenn du gerade arbeitest, werde ich dich nicht stören/hindern.
Сен шаарга бара турган болсоң, мен да барам.	Wenn du die Absicht hast, in die Stadt zu gehen, gehe ich auch.
Сен чарчаган болсоң, үйдө кал!	Wenn du ermüdet bist, bleibe zu Hause!
Силер көлгө барган болсоңор, мен да барган болор элем.	Wenn ihr an den See gegangen wärt, wäre ich auch gegangen.
Коноктор келген болсо керек.	Die Gäste dürften gekommen sein.

Losgelöst von ihrer konditionalen Bedeutung dient die Form **болсо** auch als adversative Satzverbindung im Sinne von *was ... betrifft*, *hingegen*:

Бул атам, бул болсо, энем.	Dies ist mein Vater, und dies (hingegen) meine Mutter.

Schließlich verwenden auch verallgemeinernde Relativsätze, die im Deutschen durch Fragewörter eingeleitet werden, im Kirgisischen eine konditionale Verbform:

Ким көптү окуса, ал көптү билет.	Wer viel liest, der weiß viel.
Жазында эмнени эксең, күзүндө ошону аласың.	Was du im Frühling säst, das bekommst du im Herbst.
Кайда жүрсөң, эсен жүр!	Wohin du auch gehst, gehe glücklich!
Эмне кааласаң, ошону кыл.	Was du willst, das tue (auch) = mache was du willst.

IX. Verbalnomina

1. Das Verbalnomen auf -үү

Das Suffix zur Bildung dieses Verbalnomens folgt einem eigenen Lautgesetz. Endet der Verbstamm auf Konsonant, lautet es:

> nach **е, и, ө, ү**: -үү
> nach **а, ы, о, у**: -уу.

Endet der Verbstamm auf Vokal, lautet es:

> nach **е** oder **ө**: -өө
> nach **и** oder **ү**: -үү
> nach **а** oder **о**: -оо
> nach **ы** oder **у**: -уу.

Gleichzeitig entfällt der ursprüngliche Endvokal:

-е/-и		-ө/-ү		-а/-ы		-у		-о	
иште-	иштөө	сүйлө-	сүйлөө	кара-	ካроо	оку-	окуу	ойно-	ойноо
бер-	берүү	көр-	көрүү	жаз-	жазуу			бол-	болуу
ич-	ичүү	күт-	күтүү	чык-	чыгуу	ук-	угуу		

Das Verbalnomen auf **-үү** bildet zum einen Substantive, die alle Possessiv- und Deklinationssuffixe erhalten können:

кируу	Eintritt	окуу	Studium
чакыруу	Einladung	суроо	Frage
айтуу	Aussage	титирөө	Beben

Кируу билети канча турат?	Wie viel kostet eine Eintrittskarte?
Окуулаың кандай?	Wie verlaufen deine Studien?
Силердин чакырууңарды кубаныч менен кабыл алабыз.	Wir nehmen eure Einladung mit Freude an.

Апамдын айтуусу боюнча өткөн кылымда катуу жер титирөө болгон.	Nach Aussage meiner Mutter gab es im vergangenen Jahrhundert ein heftiges Erdbeben.
Суроолоруңар барбы?	Habt ihr Fragen?

Vor allem aber drückt es eine Tätigkeit in ihrer allgemeinen und personenunabhängigen Bedeutung aus und entspricht so dem deutschen Infinitiv mit *zu*. Je nachdem, welchen Kasus das folgende Verb regiert, kann es dekliniert und mit Postpositionen verwendet werden.

Кыргызча үйрөнүү үчүн эмне кылуу керек?	Was muss man tun, um Kirgisisch zu lernen?

Кирүүгө болобу?	Ist es möglich, einzutreten = kann/darf man eintreten?
Нан алууга барам.	Ich gehe Brot holen.
Нан кайдан сатып алууга болот?	Wo kann man Brot kaufen?
Мен сиз менен таанышууга кубанычтуумун.	Ich bin erfreut, Sie kennenzulernen.
Сиздерди уулум менен тааныштырууга уруксат этиңиздер.	Gestatten Sie (mir), Sie mit meinem Sohn bekannt zu machen.
Кайсы театрга барууга кеңеш бересиз?	In welches Theater raten Sie zu gehen?
Мага китеп тандоого жардамдашыңызчы!	Bitte helfen Sie mir, ein Buch auszuwählen!
Шаарга барууга убактыбыз жок.	Wir haben keine Zeit, in die Stadt zu gehen.
Кетүүгө тийишпиз.	Wir müssen gehen.

Чай ичууну каалайбыз.	Wir wollen Tee trinken.
Апаңарга саламымды айтууну унутпагыла!	Vergesst nicht, eurer Mutter meinen Gruß auszurichten.
Мен нан алууну унутуп калыптырмын.	Ich habe völlig vergessen, Brot zu holen.

Тиш докторго баруудан коркпойм.	Ich habe keine Angst, zum Zahnarzt zu gehen.

2. Das Verbalnomen auf -(и)ш

Im Unterschied zum Verbalnomen auf -үү drückt dasjenige auf -(и)ш zumeist eine konkrete, auf eine handelnde Person bezogene Tätigkeit aus, die in der Gegenwart liegt, jedoch meist erst im unmittelbaren Anschluss an die gemachte Äußerung erfolgt:

-е/-и	-ө/-ү	-а/-ы	-у	-о
иштеш	сүйлөш	караш	окуш	ойнош
бериш	көрүш	жазыш		болуш
ичиш	күтүш	чыгыш	угуш	

Die jeweils handelnden Personen werden durch Possessivsuffixe zum Ausdruck gebracht, wobei in der 3. Person, sofern es sich um ein unbestimmtes Subjekt handelt, sowohl der Genitiv als auch der Possessiv entfallen können. Im Deutschen steht entweder der substantivierte Infinitiv oder eine Nebensatzkonstruktion mit *dass*:

Кыргызча үйрөнүшүм үчүн эмне кылышым керек?	Was muss/sollte ich tun, damit ich Kirgisisch lerne?
Өкүнүчтүү, бирок мен кетишим керек.	Es ist bedauerlich, aber ich muss (jetzt) gehen.
Саат канчада аэропортто болушуңуз керек?	Um wie viel Uhr müssen Sie am Flughafen sein?
Дарыкана ачык болуш керек.	Die Apotheke sollte geöffnet haben.
Тамеки чекпешиң керек.	Du solltest nicht rauchen.
Эртең сабакка барышың керек эмес.	Du brauchst morgen nicht zum Unterricht zu gehen.
Бүгүн шаарга барышыбыз мүмкүн.	Es ist möglich, dass wir heute in die Stadt gehen.
Эртең келе албай калышым ыктымал.	Es ist wahrscheinlich, dass ich morgen nicht werde kommen können.

Бишкекке чейин кайсы поезддер жөнөшүн билесизби?	Wissen Sie, welche Züge bis Bischkek fahren?
Бул дарыны заказ беришиңизди өтүнөм.	Ich bitte Sie, dieses Medikament zu bestellen.

3. Das substantivische Verbalnomen auf -ген

Das Verbalnomen auf **-ген** hat sowohl Perfekt- als auch Präsensbedeutung, da hier im Gegensatz zum Verbalnomen auf **-(и)ш** die wiedergegebene Handlung bereits eingesetzt hat. Ob sie bereits abgeschlossen ist (Perfektbedeutung) oder noch andauert (Präsensbedeutung), ergibt sich aus dem Zusammenhang.

-е/-и	-ө/-ү	-а/-ы	-у	-о
иштеген	сүйлөгөн	караган	окуган	ойногон
берген	көргөн	жазган		болгон
ичкен	күткөн	чыккан	уккан	

Zunächst werden auch durch **-ген** allgemeine Tätigkeiten wiedergegeben, doch handelt es sich hier im Unterschied zum Verbalnomen auf **-үү** um eine allgemein bekannte und dem Sprecher vertraute Beschäftigung:

Мага футбол ойногон жагат.	Es gefällt mir, Fußball zu spielen = ich spiele gerne Fußball.
Мен кымыз ичкенге көнүп калдым.	Ich habe mir angewöhnt, Kumys zu trinken.
Саякаттаганды жакшы көрөм.	Ich liebe es, zu reisen = ich reise sehr gerne.
Сууда сүзгөндү билем.	Ich kann schwimmen.
Үйүңдүн байлыгын көчкөндө көрөсүң.	Den Reichtum deines Hauses siehst du beim Umziehen/beim Umzug.

Durch den Ablativ mit oder ohne die Postposition **көрө** werden – ähnlich den Adjektiven – Tätigkeiten verglichen:

Үйдө калгандан көрө конокко барган жакшы.	Es ist besser, zu Besuch zu gehen, als zu Hause zu bleiben.

Auf die gleiche Art bringt das Kirgisische Sätze zum Ausdruck, die im Deutschen mit *statt zu* beginnen:

Үйдө калгандан көрө конокко барганым жакшы эле.	Statt zu Hause zu bleiben, war es besser für mich, zu Besuch zu gehen.

Vor allem aber ist das Verbalnomen auf **-ген** die perfekt-präsentische Entsprechung des Verbalnomens auf **-(и)ш**. Die jeweils handelnden Personen werden durch die Possessivsuffixe, gelegentlich auch durch ein vorangestelltes Pronomen oder Substantiv, wiedergegeben. Durch Anfügung des Suffixes **-лик** (vgl. S. 102), insbesondere in den 3. Personen, erhält die beschriebene Handlung zudem einen etwas allgemeineren oder unbestimmteren Charakter:

Бул катты жазганым жок.	Dass ich diesen Brief geschrieben habe(n soll), trifft nicht zu.
Сенин келгениң сонун болду.	Es war gut, dass du gekommen bist.
Айтканың туура болуп чыкты.	Es hat sich als richtig herausgestellt, was du gesagt hast.
Силер айткандын баарын түшүндүм.	Ich habe alles verstanden, was ihr gesagt habt.
Сиз менен таанышканыма кубанычтуумун!	Ich bin erfreut, Sie kennen gelernt zu haben/Sie kennen zu lernen.
Биздин көрүшпөгөнүбүзгө үч ай болду.	Es sind drei Monate, dass wir uns nicht gesehen haben.
Кыргызча үйрөнгөнүмдү билесиңби?	Weißt du, dass ich Kirgisisch gelernt habe/lerne?
Мен сенин үйлөнгөнүңдү/ турмушка чыкканыңды уктум.	Ich habe gehört, dass du geheiratet hast (m/f).
Дасторкон даярлаганыңды көрөм.	Ich sehe, dass du den Tisch gedeckt hast.
Иштегенимден келе албадым.	Ich konnte nicht kommen, weil ich gearbeitet habe.

Иштегеним үчүн келе албадым.	Ich konnte nicht kommen, weil ich gearbeitet habe.
Келгениңер үчүн чоң ыракмат.	Vielen Dank (dafür), dass ihr gekommen seid.
Автобус жөнөгөнгө чейин канча убакыт бар?	Wie viel Zeit ist es, bis der Bus abfährt?
Мен күн чыкканга чейин уктадым.	Ich habe geschlafen, bis die Sonne aufgegangen ist.
Бул жерге келгенден бери өзүмдү жакшы сезем.	Seit ich hierher gekommen bin, fühle ich mich wohl.

| Биз жумуштан келгенден кийин эс алдык. | Nachdem wir von der Arbeit gekommen waren, haben wir ausgeruht. |
| Мен жумуштан келгенден кийин эс алам. | Ich werde ausruhen, nachdem ich von der Arbeit gekommen bin. |

Auf die gleiche Art werden Sätze wiedergegeben, die deutschen indirekten Fragesätzen entsprechen:

| Эмне кылганымды билесиңби? | Weißt du, was ich gemacht habe? |
| Коноктор келген-келбегенлигин билесиңби? | Weißt du, ob die Gäste gekommen ist (oder nicht)? |

Das Verb **кой-** *setzen*, *legen*, *stellen* bedeutet in diesem Zusammenhang *eine Gewohnheit ablegen*:

| Уулубуз тамеки чеккенин койду. | Unser Sohn hat das (wörtl. sein) Rauchen aufgegeben. |

Der Lokativ des Verbalnomens gibt Temporalsätze wieder, die im Deutschen durch *sobald, als*, *wenn* eingeleitet werden:

| Жаан жаап бүткөндө үйдөн чыктык. | Als der Regen aufgehört hat, sind wir aus dem Haus gegangen. |
| Үйгө келгенде чай ичебиз. | Wenn/sobald wir nach Hause kommen, trinken wir Tee. |

Hierher gehören auch die Zeitangaben mit *um* (vgl. S. 29):

| Сабак саат экиден он беш мүнөт өткөндө башталат. | Der Unterricht beginnt, wenn an zwei Uhr fünfzehn Minuten vorbeigegangen sind
= der Unterricht beginnt um fünfzehn Minuten nach zwei. |
| Сабак саат үчкө он беш мүнөт калганда башталат. | Der Unterricht beginnt, wenn bis drei Uhr fünfzehn Minuten bleiben
= der Unterricht beginnt um fünfzehn Minuten vor drei. |

Häufig wird dieses *wenn* auch zu einem konditionalen *wenn*:

| Мен оорубаганда эс алууга барар элем. | Wenn ich nicht krank geworden wäre, wäre ich in Urlaub gefahren. |

Verbunden mit **менен** *mit* entstehen Konzessivsätze, die im Deutschen mit *obwohl* beginnen:

| Күн жылуу болгону менен түнкүсү аяз. | Obwohl die Tage wärmer geworden sind, herrscht nachts Frost. |

Mit Hilfe der Postposition **сайын** (vgl. S. 33) entstehen Sätze, die im Deutschen mit *jedes Mal wenn, je ... desto* wiedergegeben werden:

| Иштеген сайын чарчадык. | Je mehr wir gearbeitet haben, umso mehr sind wir ermüdet. |

Das substantivische Verbalnomen auf **-ген** des Hilfsverbs *sein* wird durch das eher statische **экен(дик)** oder auch das mehr dynamische **болгон(дук)** wiedergegeben:

Автовокзалдын кайда экенин айтып койуңузчу!	Bitte sagen Sie, wo sich der Busbahnhof befindet.
Мен ким экенимди билесиңерби?	Wisst ihr, wer ich bin?
Сенин атаң мугалим болгонун билем.	Ich weiß, dass dein Vater Lehrer geworden ist/Lehrer ist.

Als Verbalnomina von **бар** *vorhanden* und **жок** *nicht vorhanden* dienen **бар болгон(дук)** und **жок болгон(дук)** oder **бар(дык)** und **жок(тук)**:

Кызыбыз бар (болгону) үчүн өтө кубанычтуубуз.	Wir freuen uns sehr, dass es unsere Tochter gibt.
Досум ал шаарда жаандын жоктугун айтты.	Mein Freund hat gesagt, dass es in jener Stadt keinen Regen gibt.
Мүмкүн болгондун бардыгы жасалды.	Es wurde getan, was möglich war/ist.
Убактым барын-жогун билбейм.	Ich weiß nicht, ob ich Zeit habe (oder nicht).

4. Das Verbalnomen auf -ген als Partizip

Als Partizip dient das Verbalnomen auf **-ген** dazu, Tätigkeiten auszudrücken, für die das Deutsche Relativsätze benutzt. Dabei entspricht das Verbalnomen dem Partizip des Perfekt bzw. der Vorzeitigkeit.

Bei den folgenden Beispielen ist das auf das Partizip folgende Substantiv das Subjekt der Nebenhandlung; im Deutschen steht das Relativpronomen im Nominativ:

Бизди тамакка чакырган кошуна ким?	Wer ist der Nachbar, **der** uns zum Essen eingeladen hat?
Бизди тамакка чакырган кошунаны тааныбайм.	Ich kenne den Nachbarn nicht, der uns zum Essen eingeladen hat.

Steht vor dem Partizip ein Substantiv mit dem Possessivsuffix der 3. Person, ist dieses Wort das Subjekt des Nebensatzes. Die deutsche Übersetzung erfolgt, indem man das Relativpronomen in den Genitiv setzt:

Атасы бизди тамакка чакырган кошуна ким?	Wer ist der Nachbar, **dessen Vater** uns zum Essen eingeladen hat?
Атасы бизди тамакка чакырган кошунаны тааныбайм.	Ich kenne den Nachbarn nicht, dessen Vater uns zum Essen eingeladen hat.

Steht vor dem Partizip ein Pronomen oder Substantiv, jedoch ohne Possessivsuffix der 3. Person, ist dies das Subjekt des Nebensatzes. Gleichzeitig wird das hinter dem Partizip stehende Substantiv zum Objekt der Nebenhandlung. Welchen Kasus das Verb, das die Partizipialform bildet, regiert, bleibt dabei unberücksichtigt:

Силер тамакка чакырган кошуна ким?	Wer ist der Nachbar, **den ihr** zum Essen eingeladen habt?
Силер тамакка чакырган кошунаны тааныбайм.	Ich kenne den Nachbarn nicht, den ihr zum Essen eingeladen habt.

Steht zusätzlich vor der Partizipialform ein Substantiv mit dem Possessivsuffix der 3. Person sowie dem Kasus bzw. Postpositionalkasus, den das betreffende Verb regiert, ist dieses das Objekt des Nebensatzes:

Силер **атасын** тамакка чакырган кошуна ким?	Wer ist der Nachbar, **dessen Vater ihr** zum Essen eingeladen habt?
Силер атасын тамакка чакырган кошунаны тааныбайм.	Ich kenne den Nachbarn nicht, dessen Vater ihr zum Essen eingeladen habt.

Statt durch das vorausgestellte Pronomen oder Substantiv kann das Subjekt des Nebensatzes auch dadurch bezeichnet werden, dass man an das auf das Partizip folgende Substantiv das entsprechende Possessivsuffix anfügt:

Тамакка чакырган кошуна**ңызды** тааныбайм.	Ich kenne den Nachbarn nicht, den **ihr** zum Essen eingeladen habt.

Bei Verben wie **де-** s*agen* kann das Partizip auch passive Bedeutung haben:

Бул Ысык-Көл деген көл.	Dies ist der See, der Isyk-Kul genannt wird.

Steht das Partizip attributiv vor einem Zeitbegriff, entstehen Temporalsätze, die, ähnlich dem substantivischen **-генде** (S. 80), im Deutschen durch *als* oder auch *während* eingeleitet werden:

Сен уктаган учурда досуң телефон чалды.	Als/während du geschlafen hast, hat dein Freund angerufen.
Туулган күнүңүз менен куттуктайбыз.	Wir beglückwünschen Sie zu dem Tag, an dem Sie geboren wurden.

Die Wörter **бар** *vorhanden* und **жок** *nicht vorhanden* werden als selbständige Partizipien eingesetzt:

Айбек эси бар окуучу.	Aybek ist ein Schüler, der Verstand hat.
Эти жок тамак барбы?	Gibt es ein Gericht, das kein Fleisch hat?

Das Partizip auf **-ген** kann auch als Substantiv verwendet werden (vgl. hierzu auch seine Verwendung als Prädikatsnomen, S. 56):

Мени сураган барбы?	Gibt es jemanden, der nach mir gefragt hat?
Көп жашаган билбейт, көптү көргөн билет.	Derjenige, der viel/lange gelebt hat, weiß nicht; derjenige, der viel gesehen hat, weiß.

5. Das Verbalnomen auf -(и)п жаткан

Das Verbalnomen auf **-(и)п жаткан** drückt das Präsens bzw. die Gleichzeitigkeit mit der Haupthandlung aus:

Күн кечтеп бара жатканын сезбей калыптырбыз.	Wir haben nicht gemerkt, dass es schon auf den Abend zuging.
Мен кат жазып жатканда досум телефон чалды.	Als ich gerade einen Brief schrieb, hat mein Freund angerufen.
Сен уктап жатканда мен базарга кеттим.	Als/während du geschlafen hast, bin ich zum Markt gegangen.
Тигил жакта иштеп жаткан кыздарды көрүп жатасыңбы?	Siehst du die Mädchen, die da drüben arbeiten?
Алло, сүйлөп жаткан ким?	Hallo, wer ist es, der spricht?

6. Das Verbalnomen auf -е/-й турган

Dieses Verbalnomen ist die futurische Entsprechung des Verbalnomens auf **-ген**; die wiedergegebene Handlung liegt zeitlich später als die Haupthandlung:

Коногубуздун эртең келе турганы белгисиз.	Es ist unklar, ob unser Gast morgen kommen wird.
Эртең биздикине келе турган конок ким?	Wer ist der Gast, der morgen zu uns kommen wird?
Шаарга окууга бара тургандар мектептин алдында жогулушту.	Diejenigen, die zum Studium in die Stadt gehen werden, haben sich vor der Schule versammelt.

7. Das Verbalnomen auf -(е)р/-бес

Das Verbalnomen auf **-(е)р/-бес** entspricht ebenso wie in seinem Gebrauch als Prädikatsnomen (vgl. S. 46) einem unbestimmten Präsens-Futur:

Сенин чет өлкөгө барарың аныкпы?	Steht schon fest, ob du ins Ausland gehst/gehen wirst?
Кино башталарга беш мүнөт калганда келдим.	Ich bin fünf Minuten, bevor der Film angefangen hat, gekommen.
Үйдөн чыгарда терезелерди жабууну унутпагыла!	Vergesst nicht, beim Verlassen des Hauses die Fenster zu schließen!
Биз Ташкентке барарыбызды кудай билет.	Ob wir nach Taschkent gehen werden, weiß der Himmel.
Мен эмне кыларымды билбейм.	Ich weiß nicht, was ich tun werde/soll.
Кыргызтанга барардан алдын/барар алдында кыргыз тилин үйрөнүүнү каалайм.	Ich will Kirgisisch lernen, bevor ich nach Kirgistan fahre.

Verbunden mit der Postposition **менен** *mit* gibt es Temporalsätze wieder, die im Deutschen durch *sobald, wenn, als* eingeleitet werden:

Күн чыгары менен туралы.	Lasst uns aufstehen, sobald die Sonne aufgeht.
Күн чыгары менен турдук.	Wir sind aufgestanden, als die Sonne aufging.

In seinem attributiven Gebrauch dient es ebenfalls als Partizip:

Ар бир суроо үчүн жооп берер учур да келет.	Für jede Frage kommt auch der Zeitpunkt, der eine Antwort gibt.

Verbunden mit **замат** *Zeit, Zeitpunkt* entsteht die Bedeutung *wenn, als*:

Сенден кат алар замат сүйүндүм.	Ich habe mich gefreut, als ich einen Brief von dir bekommen habe.

8. Das Partizip auf -үүчү

Dieses Partizip gibt eine Gewohnheit wieder (vgl. die Berufsbezeichnungen auf S. 100 sowie seinen Gebrauch als Prädikatsnomen, S. 58):

Мейманканага баруучу жолду көрсөтүп койуңузчу.	Bitte zeigen Sie den Weg, der zum Hotel führt = bitte zeigen Sie den Weg zum Hotel.
Эң жакын такси токтоочу жер кайда?	Wo ist der nächstgelegene Platz, an dem Taxis halten = wo ist der nächste Taxistand?
Жакын жерде китеп сатуучу дүкөн барбы?	Gibt es in der Nähe einen Laden, der Bücher verkauft?

9. Das Verbalnomen элек

Auch die Form **элек** ist ein Verbalnomen (vgl. S. 41):

Досторум эшикке чыга элегинде келдим.	Ich bin gekommen, als meine Freunde noch nicht zur Tür hinausgegangen waren/bevor meine Freunde zur Tür hinausgegangen waren.
Жаан жаай элегинде базарга баргыла!	Geht zum Markt, wenn es noch nicht regnet/bevor es regnet!
Билгенден (көрө) биле элегиң көп.	Es gibt mehr, das du noch nicht weißt, als das, was du weißt.

X. Konverbien

Konverbien sind Verbformen, die dadurch entstehen, dass man an einen Verbstamm ein bestimmtes Suffix anfügt und sie dann nicht weiter dekliniert oder konjugiert, so dass der Zeitpunkt sowie das Subjekt der auf diese Art wiedergegebenen Handlung erst aus einem folgenden Verb deutlich werden. Durch Konverbien werden Sachverhalte wiedergegeben, die deutschen Adverbialsätzen entsprechen (vgl. die Übersicht über die deutschen Nebensätze und ihre kirgisischen Entsprechungen, S. 117).

1. Das Konverb auf -e/-й

Dieses Konverb dient der Wiedergabe von Modalsätzen, die im Deutschen durch *indem*, *wobei*, *dadurch dass* oder auch durch ein adverbiales Partizip eingeleitet werden, d.h. die Handlung gibt den Begleitumstand der durch das Prädikat des Satzes wiedergegebenen Haupthandlung wieder. Bisweilen tritt es in verdoppelter Form auf, so dass die Nebenhandlung intensiviert wird zu *indem immerzu*:

-е/-и	-ө/-ү	-а/-ы	-у	-о
иштей	сүйлөй	карай	окуй	ойной
иштебей	сүйлөбөй	карабай	окубай	ойнобой
бере	көрө	жаза		боло
бербей	көрбөй	жазбай		болбой
иче	күтө	чыга	уга	
ичпей	күтпөй	чыкпай	укпай	

Осмонду күтө кинонун биринчи сеансасынан кечигип калдык.	Dadurch dass wir auf Osman gewartet haben, sind wir zu spät zur ersten Kinovorstellung gekommen.
Осмонду күтө-күтө кинонун биринчи сеансасынан кечигип калдык.	Dadurch dass wir ständig auf Osman gewartet haben, sind wir zu spät zur ersten Kinovorstellung gekommen.

In seiner negierten Form hat dieses Konverb die Bedeutung *ohne zu*:

Кечикпей кел!	Komme, ohne dich zu verspäten = komme nicht zu spät!
Кыймылдабай отур!	Sitze, ohne dich zu rühren = sitze still!

2. Verbalkompositionen mit dem Konverb auf -e/-й

Die Haupteigenschaft dieses Konverbs besteht darin, dass es sich mit anderen Verben, die in diesem Zusammenhang zu Hilfsverben werden und dabei teilweise ihre ursprüngliche Bedeutung verlieren, zu Verbalkompositionen verbindet.

Verbunden mit **ал-** *nehmen* entstehen die Formen des Possibilitivs bzw. bei Verneinung des Impossibilitivs, wobei damit ausgedrückt wird, dass man in einer konkreten Situation die Fähigkeit oder Möglichkeit besitzt oder nicht besitzt, etwas zu tun:

Сен эртең биздикиге келе аласыңбы?	Kannst du morgen zu uns kommen?
Тилекке каршы келе албайм.	Ich kann leider nicht kommen.

Um *beginnen zu* auszudrücken, verbindet sich das Konverb mit dem Verb **башта-**:

Кыргыз тилин үйрөнө баштадык.	Wir haben angefangen, die kirgisische Sprache zu lernen.

Durch die Verbindung mit den Verben **бер-** *geben* und **кой-** *setzen, stellen* wird vor allem im Rahmen eines Imperativs die Erlaubnis zu einer fortgesetzten, ruhig und ungehindert verlaufenden Handlung zum Ausdruck gebracht:

Кире бериңиз!	Kommen Sie nur herein!
Айта бер!	Sprich nur weiter!
Чай иче койгула!	Trinkt nur in aller Ruhe weiter Tee!

In Verbindung mit **кет-** *weggehen* wird eine nicht zwingend notwendige Nebenhandlung ausgedrückt:

| Киного барсаң, мага келе кет. | Wenn du ins Kino gehst, komme (erst) zu mir (und gehe dann). |

Das Hilfsverb **жазда-** (**жаз-** *schreiben*) bringt zum Ausdruck, dass eine Handlung beinahe eingetreten wäre:

| Ишке кечиге жаздадым. | Fast wäre ich zu spät zur Arbeit gekommen. |

Das Verb **көр-** *sehen* als Hilfsverb verstärkt einen Befehl im Sinne von *sieh zu, dass*:

| Бул катты атаңа бере көр! | Gib unbedingt deinem Vater diesen Brief! |

Mittels **сал-** *legen, hineintun* wird wiedergegeben, dass sich eine Tätigkeit rasch vollzieht:

| Апам тамак жасай салды. | Meine Mutter hat schnell Essen gemacht. |

Тур- *stehen* drückt aus, dass die geschilderte Handlung zeitlich befristet ist:

| Бир мүнөт күтө туруңузчу, доктур азыр келет! | Warten Sie bitte einen Augenblick, der Arzt kommt gleich! |
| Мен келгенче күтө тур! | Warte bis ich komme! |

Verbunden mit **түш-** *fallen* wird einerseits das plötzliches Einsetzen, andererseits auch die vorübergehende Fortführung einer Handlung zum Ausdruck gebracht:

| Биз көлгө барганда күн ачыла түштү. | Als wir an den See gelangten, kam plötzlich die Sonne heraus. |
| Мен дагы бир саат иштей түшөм. | Ich werde noch eine Stunde weiterarbeiten. |

3. Das Konverb auf -(и)п

Dieses Konverb wird durch das Suffix -(и)п gebildet:

-е/-и	-ө/-ү	-а/-ы	-у	-о
иштеп	сүйлөп	карап	окуп	ойноп
берип	көрүп	жазып		болуп
ичип	күтүп	чыгып	угуп	

Einsilbige Verbstämme auf -п verlieren diesen Konsonanten und verdoppeln gleichzeitig ihren Vokal:

сеп- säen	себип сээп	жап- schließen	жабып жаап

Das Konverb wird eingesetzt, um bei aufeinanderfolgenden Handlungen die Wiederholung gleicher Suffixe zu vermeiden:

Таксиге минмп, айылга жөнөдүм.	Ich bin ins Taxi gestiegen und ins Dorf gefahren.
Таксиге минмп, айылга жөнөйлү.	Lasst uns ins Taxi steigen und ins Dorf fahren.

Bisweilen lässt der Kontext auch die Wiedergabe als Temporal-, Kausal- oder Konzessivsatz zu:

Жумушка келе жатып, Бакырды көрдүм.	Ich bin zur Arbeit gegangen und habe Bakir gesehen = **als** ich zur Arbeit gegangen bin, habe ich Bakir gesehen.
Көп окуп, баарын түшүнүп алдым.	Ich habe viel gelesen/gelernt und alles verstanden = **weil** ich viel gelernt habe, habe ich alles verstanden.
Ушунчалык катуу иштеп да, мен бул жумушту бүтүрө албадым.	Ich habe so hart gearbeitet und doch die Arbeit nicht beenden können = **obwohl** ich so hart gearbeitet habe, habe ich die Arbeit nicht beenden können.

Zudem hat dieses Konverb weitestgehend dasjenige auf **-e/-й** abgelöst:

Осмонду күтүп кинонун биринчи сеансасынан кечипип калдык.	Wir haben auf Osman gewartet und sind zu spät zur ersten Kinovorstellung gekommen = dadurch dass wir auf Osman gewartet haben, sind wir zu spät zur ersten Kinovorstellung gekommen.

Eine häufig gebrauchte Form ist **болуп** in der Bedeutung *als*:

Сиз ким болуп иштейсиз?	Als was arbeiten Sie?
Сатуучу болуп иштейм.	Ich arbeite als Verkäufer.

4. Verbalkompositionen mit dem Konverb auf -(и)п

Mit Hilfe des Konverbs auf **-(и)п** lässt sich eine nahezu unbegrenzte Anzahl von Verben aneinander reihen:

Сиз чай алып келип бериңизчи!	Bitte holen Sie Tee, kommen Sie und geben Sie ihn!

Zahlreiche weitere Verbalkompositionen sind vermutlich auf derartige „Wucherformen" zurückzuführen. Für Differenzierungen wie die folgenden verwendet das Deutsche Präfixe wie *her-, hin-, weg-, ab-, auf-*.

Die Verben **ал-** *nehmen* und **бер-** *geben* machen deutlich, dass die durch das Konverb wiedergegebene Handlung im Interesse einer Person erfolgt:

Адресимди жазып алыңыз!	Schreiben Sie sich meine Adresse auf!
Адресиңизди жазып бериңиз!	Schreiben Sie mir Ihre Adresse auf!

Durch **бүт-** *enden, beenden* wird ausgedrückt, dass man die wiedergebene Tätigkeit zu einem Abschluss gebracht hat:

Алманын жарымын жеп бүттүм.	Ich habe die Hälfte des Apfels/der Äpfel aufgegessen.

Auch das Verb **чык-** *hinausgehen* gibt wieder, dass eine Handlung bis zum Ende durchgeführt wird/wurde:

| Китепти окуп чыктым. | Ich habe das Buch ganz durchgelesen. |

Das Verb **жибер-** *schicken* drückt aus, dass die Handlung plötzlich und rasch erfolgt:

| Балдар күлүп жиберишти. | Die Kinder brachen plötzlich in Gelächter aus. |
| Мени өткөрүп жибериңизчи! | Lassen Sie mich bitte kurz vorbei! |

Das Verb **кал-** *bleiben* drückt zum einen das plötzliche Einsetzen einer Handlung, andererseits aber auch ihre Endgültigkeit aus. Wird das Hauptverb durch **-бей** verneint, bedeutet dies, dass die Handlung nicht durchgeführt oder vollendet wurde, obwohl sie zunächst geplant war:

| Менин саатым бузулур калды. | Meine Uhr ist kaputt gegangen. |
| Сен үчүн сабакка барбай калдым. | Deinetwegen bin ich nicht zum Unterricht gegangen. |

Das Verb **кел-** *kommen* drückt nicht nur eine räumliche Bewegung zum Standort des Sprechers hin aus. Es kann auch verdeutlichen, dass sich eine Handlung bis in die Gegenwart erstreckt:

| Самолёт саат канчада учуп келет? | Um wie viel Uhr kommt das Flugzeug an(geflogen)? |
| Базарга барып келдик. | Wir sind zum Markt gegangen (und wieder zurückgekommen) = wir waren gerade auf dem Markt. |

Demgegenüber drückt **кет-** *weggehen* nicht nur eine räumliche Bewegung vom Standort des Sprechers fort, sondern auch einen Ausnahmezustand aus:

| Самолёт учуп кетти. | Das Flugzeug ist abgeflogen. |
| Коркуп кеттим. | Ich war außer mir vor Angst. |

Die Verwendung des Verbs **кой-** *setzen, stellen, legen* drückt im Zusammenhang mit einem Imperativ eine höfliche Bitte aus:

| Кечирип койуңуз! | Verzeihen Sie, es tut mir Leid. |
| Мага жардам берип койуңузчу! | Bitte helfen Sie mir! |

Verbunden mit **көр-** *sehen* entsteht die Bedeutung *probieren, versuchen*:

| Кыргыз тамактарын жеп көргүбүз келет. | Wir haben Lust, die kirgisischen Speisen zu probieren. |

Durch **сал-** *legen, hineintun* wird ausgedrückt, dass die Handlung ohne besondere Anstrengung durchgeführt wurde:

| Мен макаланы бир отурганда жазып салдым. | Ich habe den Artikel an einem Stück (in einer Sitzung) niedergeschrieben. |

Das Verb **ташта-** *werfen* zeigt an, dass die Handlung kurzfristig durchgeführt wurde:

| Жамийла мугалимге айтып таштады. | Dschamila hat kurz mit dem Lehrer gesprochen. |

Eine eigene Gruppe stellen die Präsensformen auf **-(и)п жат-** dar (vgl. S. 48). Neben **жат-** können auch die Verben **отур-** *sitzen*, **жүр-** *gehen, laufen* und **тур-** *stehen* als Hilfsverben zur Bildung des Präsens auftreten. Bei **отур-** wird die Handlung in meist sitzender Position ausgeführt, **жүр-** gibt eine Tätigkeit wieder, die sich über einen längeren Zeitraum erstreckt oder mit körperlicher Bewegung verbunden ist; **тур-** *stehen* macht deutlich, dass sich die beschriebene Tätigkeit regelmäßig wiederholt:

Балдар музыка угуп отурушат.	Die Kinder hören Musik.
Уулубуз Бишкекте окуп жүрөт.	Unser Sohn studiert in Bischkek.
Кызыбыз бизге кат жазып турат.	Unsere Tochter schreibt uns regelmäßig Briefe.

5. Die Form деп

Eine besondere Funktion erfüllt die Konverbform **деп** des Verbs **де-** *sagen*. Hierbei sind zwei grundlegende Dinge vorauszuschicken: Zum einen bevorzugt das Kirgisische die Wiedergabe direkter Reden, zum anderen hat auf eine solche direkte Rede immer eine Form des Verbs **де-** zu folgen:

Досуң эмне деди?	Was hat dein Freund gesagt?
Ал эртең келем деди.	Er hat gesagt: „Ich komme morgen" = er hat gesagt, dass er morgen kommt.
Бир чай ичейи дедим эле.	Ich hatte (mir) gesagt: „Ich möchte einen Tee trinken" = ich würde gerne einen Tee trinken.

Soll auf das Zitat ein anderes Verb folgen, wird als Verbindung die Form **деп** eingeschoben. Zitatzeichen, die den Überblick erleichtern, werden in den kirgisischen Texten meist nicht gesetzt. Die Form **деп** ist der einzige Hinweis darauf, dass an dieser Stelle ein Zitat endet; der Beginn des Zitats muss aus dem Kontext erschlossen werden:

Кыргызстандын акчасы сом деп аталат.	Die Währung Kirgistans wird Sum genannt.
Болот телефон чалды деп айтып койуңузчу.	Bitte sagen Sie, **dass** Bolot angerufen hat.
Кызымдан бүгүн базарга барасыңбы деп сурадым.	Ich habe meine Tochter gefragt, **ob** sie heute auf den Markt geht.
Кызым мен базарга барам деп жооп берди.	Meine Tochter hat geantwortet, **dass** sie auf den Markt gehen wird.
Уулуңар эртең келер деп уктум.	Ich habe gehört, **dass** euer Sohn morgen kommen wird.
Сен эмне деп ойлойсуң?	Was denkst du?

Enthält das Zitat die Begründung für die anschließenden Handlung, kann es sich um einen Kausalsatz handeln:

Бүгүн ишим көп деп базарга бара алган жокмун.	Ich konnte heute nicht auf den Markt gehen, **weil** ich viel zu tun hatte.

| Силерге жардам берейин деп келдим. | Ich bin gekommen, **weil** ich euch helfen möchte. |

Ist im Zitat eine Aufforderung enthalten, handelt es sich um einen Finalsatz:

| Ишке кечикпейли деп шашылдык. | Wir haben uns beeilt, **damit** wir nicht zu spät zur Arbeit kommen. |
| Мени күтпөгүлө деп телефон чалдым. | Ich habe angerufen, **damit** ihr nicht auf mich wartet/warten müsst. |

6. Das Konverb auf **-бестен**

Ähnlich der verneinten Form **-бей** (vgl. S. 86) gibt auch **-бестен** eine unterbliebene Nebenhandlung wieder:

-е/-и	-ө/-ү	-а/-ы	-у	-о
иштебестен	сүйлөбөстөн	карабастан	окубастан	ойнобостон
бербестен	көрбөстөн	жазбастан		болбостон
ичпестен	күтпөстөн	чыкпастан	укпастан	

| Мага айтпастан барба! | Gehe nicht, ohne es mir zu sagen/ ohne es mir gesagt zu haben! |
| Дем албастан беш саат иштедим. | Ich habe fünf Stunden gearbeitet, ohne Atem zu schöpfen. |

7. Das Konverb auf **-гени**

Dieses Konverb dient in erster Linie der Wiedergabe von Finalsätzen, die im Deutschen durch *um zu* eingeleitet werden. Das Prädikat des Satzes ist meist ein Verb der Bewegung:

-е/-и	-ө/-ү	-а/-ы	-у	-о
иштегени	сүйлөгөнү	карааны	окуганы	ойногону
бергени	көргөнү	жазганы		болгону
ичкени	күткөнү	чыкканы	укканы	

| Мен силерге жардам бергени келдим. | Ich bin gekommen, um euch zu helfen. |
| Кызыбыз базарга эт сатып алганы кетти. | Unsere Tochter ist auf den Markt gegangen, um Fleisch zu kaufen. |

Daneben gibt es Temporalsätze wieder, die im Deutschen mit *seit* beginnen:

| Мен университети бүткөнү апаңды көрө элекмин. | Ich habe deine Mutter (noch) nicht wiedergesehen, seit ich die Universität beendet habe. |

Verbindet man **-гени** mit dem Verb **жат-** *liegen*, entsteht die Bedeutung *im Begriff sein, etwas zu tun*:

| Биз шаарга барганы жатабыз. | Wir sind im Begriff, in die Stadt zu gehen. |

8. Die Konverbien auf **-гиче**, **-генче** und **-мейинче**

Die Konverbien auf **-гиче** und **-генче** dienen der Wiedergabe vom Temporalsätzen, die im Deutschen durch *bis* oder auch *bevor* eingeleitet werden. Die negierte Entsprechung lautet **-мейинче** *solange nicht*, *ehe nicht*:

-е/-и	-ө/-ү	-а/-ы	-у	-о
иштегиче	сүйлөгүчө	карагыча	окугуча	ойногуча
иштегенче	сүйлөгөнчө	караганча	окуганча	ойногончо
иштемейинче	сүйлөмөйүнчө	карамайынча	окумайынча	ойномойунча
бергиче	көргүчө	жазгыча		болгуча
бергенче	көргөнчө	жазганча		болгончо
бермейинче	көрмөйүнчө	жазмайынча		болмойунча
ичкиче	күткүчө	чыккыча	уккуча	
ичкенче	күткөнчө	чыкканча	укканча	
ичмейинче	күтмөйүнчө	чыкмайынча	укмайынча	

| Поезд жөнөгүчө/жөнөгөнчө күт. | Warte, bis der Zug abfährt. |
| Көрүшкөнчө ... | (Alles Gute,) Bis wir uns wiedersehen = auf Wiedersehen. |

Коноктор келгиче/келгенче үйдү иретке келтиришим керек.	Bis/bevor die Gäste kommen, muss ich das Haus in Ordnung bringen.
Силер үйгө келмейинче биз тамак ичпейбиз/жебейбиз.	Wir werden nicht essen, ehe ihr nicht nach Hause kommt.
Сен мага жардам бермейинче мен бул ишти бүтүрө албайм.	Solange du mir nicht hilfst, kann ich diese Arbeit nicht zu Ende bringen.

Durch das Konverb auf **-генче** werden des Weiteren Modalsätze wiedergegeben, die mit *statt zu* beginnen:

Бош отурганча иштегенибиз пайдалуу.	Statt untätig herumzusitzen, ist es nützlicher für uns, zu arbeiten.

XI. Konjunktionen

Die am häufigsten verwendeten Konjunktionen sind:

жана *und*:

| Менин эки уулум жана бир кызым бар. | Ich habe zwei Söhne und eine Tochter. |

менен *mit*, *und*:
Durch **менен** *mit* wird eine stärkere Gemeinsamkeit als durch **жана** zum Ausdruck gebracht:

| Атам менен апам айылда жашашат. | Mein Vater und meine Mutter leben im Dorf. |

Stehen beide Substantive im gleichen Kasus, wird nur das zweite Substantiv dekliniert:

| Атам менен апамга белек алдым. | Ich habe meinem Vater und meiner Mutter Geschenke gekauft. |

да, дагы *auch, noch*:

| Сиз менен таанышканыма кубанычтуумун. Мен дагы. | Ich bin erfreut, Sie kennenzulernen. Ich auch. |
| Дагы бир чыны чай ичиңиз! | Trinken Sie noch eine Tasse Tee! |

да ... да *sowohl ... als auch*; *weder ... noch*:

| Байкем да, эжем да бар. | Ich habe sowohl einen älteren Bruder als auch eine ältere Schwester. |
| Байкем да, эжем да жок. | Ich habe weder einen älteren Bruder noch eine ältere Schwester. |

не ... не *weder ... noch*:

| Биздин тилибиз не тажик эмес, не орус эмес. | Unsere Sprache ist weder Tadschikisch noch Russisch. |

же *oder*:

| Досторубуз эртең же бүрсүгүнү келишет. | Unsere Freunde werden morgen oder übermorgen kommen. |

же ... же *entweder ... oder*:

| Досторубуз же эртең же бүрсүгүнү келишет. | Unsere Freunde werden entweder morgen oder übermorgen kommen. |

бирок *aber, sondern, jedoch*:

| Менин кесибим китепканачы, бирок мугалим болуп иштейм. | Mein Beruf ist Bibliothekar, aber ich arbeite als Lehrer. |

эгер *wenn*:

Das aus dem Persischen stammende Wort **эгер** *wenn* kann an den Beginn von Konditionalsätzen gestellt werden, um von Anfang an deutlich zu machen, dass ein Konditionalsatz folgt. In diesem Fall wird der Hauptsatz meist durch **анда** *dann* eingeleitet:

| Эгер сен эртең саат тогузга чейин келсең, анда биз шаарга жөнөп кетебиз. | Wenn du morgen bis neun Uhr kommst, dann werden wir in die Stadt fahren. |

XII. Partikeln

Allen Partikeln ist gemeinsam, dass sie direkt hinter dem Wort stehen, auf das sie sich beziehen, und gleichzeitig die Betonung auf die jeweils letzte Silbe des unmittelbar vorausgehenden Wortes ziehen.

Die Partikel **-чи** kann als eine Art Fragepartikel im Sinne von *wie steht es mit* an jeden Satzteil angefügt werden:

| Кандайсыз? | Wie geht es Ihnen? |
| Ыракмат, жакшы; өзүнүзчү? | Danke, gut; und Ihnen selbst? |

| Менин атым Асан, сиздикичи? | Mein Name ist Hasan, und der Ihrige? |

Des Weiteren verleiht es Aufforderungen einen höflichen Nachdruck:

Мага жардам берип койуңузчу!	Bitte helfen Sie mir!
Эс алдык, эми окуйлучу!	Wir haben ausgeruht, jetzt lasst uns doch bitte lesen/lernen!
Бир аз жайыраак сүйлөсөңүзчү ...?	Wenn Sie bitte etwas langsamer sprechen würden ...?

-дир *sicher*, *bestimmt*:

Die Form **-дир** ist ein Relikt des Verbs **тур-** *stehen*, *leben* und dient der Bekräftigung einer Aussage:

Студенттирсиз.	Sie sind doch sicher Student.
Коногубуз ойгонгондур.	Unser Gast ist bestimmt aufgewacht.
Осмондун акчасы бардыр.	Osman hat bestimmt Geld.

Sie ist Bestandteil des Perfekt auf **-(и)птир** (vgl. S. 60) und zur Bezeichnung der 3. Person des Präsens-Futur auf **-т** reduziert (vgl. S. 44).

го *(es sieht so aus,) als ob* drückt eine Möglichkeit oder Wahrscheinlichkeit aus:

| Атабыз келе жатат го. | Es scheint, dass unser Vater kommt. |
| Мен эртең тоого барам го. | Es sieht danach aus, dass ich morgen möglicherweise in die Berge gehen werde. |

Die Partikel **эле** wird sehr häufig verwendet. Sie dient der Auflockerung eines Satzes, indem sie eine gemachte Aussage modifiziert, sie verstärkt, einschränkt oder näher erläutert. Ihre deutschen Entsprechungen sind *denn, doch, eben, erst, genau, gerade, gleich, jedenfalls, nämlich, nur, schon*:

Мен элемин ...	Ich bin es doch nur ...
Мен эми эле келдим.	Ich bin eben erst gekommen.
Бир эле күн калдык.	Wir sind nur einen Tag geblieben.
Мен сага көп эле жолу сүйлөгөм.	Ich habe es dir schon so viele Male gesagt.
Бул ишти Айбек эле кыла алат.	Diese Arbeit kann nur Aybek machen.
Бул сыр эле эмес.	Das ist doch kein Geheimnis.
Жок эле.	Aber nein.
Мен кыргыз тилин жакында эле үйрөнө башталым.	Ich habe gerade erst vor kurzem angefangen, Kirgisisch zu lernen.
Мен силерди биринчи көргөндө эле таанылдым.	Ich habe euch gleich auf den ersten Blick erkannt.
Ошол эле күнү Дүйшөн биздин айылга келген.	Genau an jenem Tag ist Düyschön in unser Dorf gekommen.

Steht **эле** im Zusammenhang mit einem Prädikat, entscheidet der Kontext, ob es sich um die Partikel, die Vergangenheitsform **эле** (vgl. S. 67) oder um eine Mischung aus beiden handelt:

Сен китептерди менден албадың беле?	**Hattest** du die Bücher **denn** nicht von mir bekommen?
Бул ким болгон эле?	Wer war denn das (gewesen)?
Мага сиз тууралуу айтышты эле.	Man hatte mir schon von Ihnen erzählt.

XIII. Wortbildung

Das Kirgisische besitzt eine große Anzahl von Suffixen zur Bildung von Substantiven, Adjektiven, Adverbien und Verbstämmen auf der Basis bereits existierender Substantive, Adjektive, Adverbien und Verbstämme. Dabei kann es vielfach zu Suffixhäufungen kommen, denn gerade im Bereich der Wortbildung zeigt sich die Vorliebe für den geradezu spielerischen Umgang mit Suffixen, der alle Turksprachen auszeichnet. Alle Wortbildungselemente im Einzelnen aufzuführen, würde den Rahmen des vorliegenden Buches sprengen. Es soll daher nur eine repräsentative Auswahl vorgestellt werden.

1. Substantive auf -кана

Dieses Suffix ist ursprünglich ein aus dem Persischen stammendes selbständiges Wort für *Haus*, *Herberge*. Im Kirgisischen dient es als Suffix zur Bezeichnung bestimmter Räumlichkeiten oder Gebäude:

чай	Tee	чайкана	Teehaus
китеп	Buch	китепкана	Bibliothek
дары	Medikament	дарыкана	Apotheke
оору	Krankheit, krank	оорукана	Krankenhaus
мейман	Gast	мейманкана	Hotel

2. Substantive auf -че

Das Suffix **-че** wird an Substantive angefügt und bildet Diminutive:

дептер	Heft	дептерче	Heftchen
килем	(Web-)teppich	килемче	kleiner Teppich
китеп	Buch	китепче	Büchlein
терезе	Fenster	терезече	Fensterchen
шаар	Stadt	шаарча	Städtchen

3. Substantive auf -чи

Das Suffix **-чи** wird an Substantive angefügt; das so entstehende Wort bezeichnet eine Person, die sich berufs- oder gewohnheitsmäßig mit dem durch das Substantiv bezeichneten Begriff beschäftigt:

килем	Teppich	килемчи	Teppichweber
дүкөн	Laden, Geschäft	дүкөнчү	Kaufmann
балык	Fisch	балыкчы	Fischer
жумуш	Arbeit	жумушчу	Arbeiter

Solche Bildungen sind auch dann möglich, wenn das zugrundeliegende Substantiv selbst bereits mittels Suffix entstanden ist (vgl. S. 73):

тик-, тигүү	nähen	тигүүчү	Schneider
көр-, көрүү	sehen	көрүүчү	Zuschauer
сат-, сатуу	verkaufen	сатуучу	Verkäufer
оку-, окуу	lesen, studieren	окуучу	Schüler

4. Substantive auf -ги

Fügt man **-ги** an Verbstämme an, erhält man Substantive, die vor allem im Zusammenhang mit dem Verb **кел-** *kommen* dazu dienen, einem inneren Bedürfnis Ausdruck zu geben:

ич-	trinken	ички	der Wunsch zu trinken
күл-	lachen	күлгү	der Wunsch zu lachen
жаз-	schreiben	жазгы	der Wunsch zu schreiben
оку-	lesen, studieren	окугу	der Wunsch zu lesen
ук-	hören	укку	der Wunsch zu hören

Кыргызча сүйлөгөндү үйрөнгүбүз келет.	Wir möchten Kirgisisch sprechen lernen.
Биздикиге келгендигиңер үчүн ырахмат айткым келет.	Ich möchte mich bedanken, dass ihr zu uns gekommen seid.

5. Substantive auf -лик

Mit Hilfe des Suffixes -лик werden in erster Linie Abstrakta gebildet, die im Deutschen mehrheitlich auf -heit, -keit, -schaft oder -tum enden:

тез	schnell	тездик	Schnelligkeit
көп	viel	көптүк	Mehrzahl, Menge
жаңы	neu	жаңылык	Neuigkeit
соо	gesund	соолук	Gesundheit

Durch Anfügung an Berufsbezeichnungen werden die Ausübung des betreffenden Berufs wie auch die zugehörige Dienststelle bezeichnet:

килемчи	Teppichweber	килемчилик	Teppichweberei
балыкчы	Fischer	балыкчылык	Fischerei
окутуучу	Erzieher, Lehrer	окутуучулук	Lehrerberuf
консул	Konsul	консулдук	Konsulat

Fügt man das Suffix an Ortsnamen an, bringt man die Abstammung von bzw. die Verbundenheit mit diesem Ort zum Ausdruck:

| Бишкек | Bischkek | бишкектик | aus Bischkek |
| Германия | Deutschland | германиялык | aus Deutschland |

Des Weiteren bildet es Adjektive, die in stärkerem Maße als diejenigen auf -луу (vgl. S. 103) die Zugehörigkeit zu dem jeweiligen Begriff ausdrücken:

электрондук кат	elektronischer Brief, e-mail
эки кишилик бөлмө	ein Zimmer für zwei Personen
үч сааттык жол	ein dreistündiger Weg
алты айлык бала	ein sechs Monate altes Kind
шаардык үй-бүлө	eine städtische Familie

Sehr vereinzelt schließlich dient es zur Bildung von Begriffen des täglichen Gebrauchs:

| сөз | Wort | сөздүк | Wörterbuch |

6. Adjektive auf -луу

Dieses Suffix besitzt nur zwei Formen:

nach e, и, ө, ү	lautet es -лүү
nach a, ы, o, у	lautet es -луу

Mit seiner Hilfe werden aus Substantiven Adjektive gebildet:

белги	Kennzeichen	белгилүү	bekannt
күч	Kraft	күчтүү	kräftig
акыл	Verstand	акылдуу	klug
булут	Wolke	булуттуу	bewölkt

7. Adjektive auf -сиз

Dieses Suffix ist die negative Entsprechung des Suffixes -луу. Es entspricht sowohl der deutschen Präposition *ohne* wie auch der Anfangssilbe *un-* und der Endung *-los*:

белги	Kennzeichen	белгисиз	unbekannt
күч	Kraft	күчсүз	kraftlos, schwach
акыл	Verstand	акылсыз	unklug, dumm
булут	Wolke	булутсуз	wolkenlos

8. Das Zugehörigkeitssuffix -ги/-ки

An die Kurzform des Genitivs angefügt entstehen durch dieses Suffix substantivierte Possessive, die bei der Deklination das pronominale **н** erhalten:

Китеп мугалимдики.	Das Buch ist (dasjenige) des Lehrers = das Buch gehört dem Lehrer.
Бул аттар биздики.	Diese Pferde sind die unsrigen = diese Pferde gehören uns.
Мен силерди биздики**не** чакыргым келет.	Ich möchte euch zu den Unsrigen/zu uns einladen.
Сенин бөлмөң меники**нен** чоң.	Dein Zimmer ist größer als meines.

Fügt man **-ги** an den Lokativ an, entstehen Adjektive, die das Vorhandensein an einem Ort zum Ausdruck bringen:

Ушул класстагы окуучулар немис тилин үйрөнүп жүрүшөт.	Die Schüler in dieser Klasse lernen Deutsch.

Schließlich tritt das Suffix an Substantive und Adverbien mit örtlicher und zeitlicher Bedeutung unmittelbar an und bildet aus ihnen Adjektive:

кечээки	gestrig	алгачкы	erster
бүгүнкү	heutig	акыркы	letzter
эртеңки	morgig	мурунку	vorheriger
азыркы	jetzig	кийинки	nächster, späterer

9. Das Äquativsuffix **-дей/-дек**

Dieses Suffix entspricht in seiner Anwendung der Postposition **сыяктуу** (*genau*) *wie* (vgl. S. 33):

Коондор кандай? Алар балдай таттуу.	Wie sind die Melonen? Sie sind süß wie Honig.
Асманда кашыктай булут жок.	Am Himmel ist nicht einmal eine Wolke (so groß) wie ein Löffel.
Мындай суукта муздак сууну ичпейм.	Bei einer solchen Kälte trinke ich kein eiskaltes Wasser.
Бул нан таштай катуу.	Dieses Brot ist steinhart.

An Verbalnomina angefügt dient es der Wiedergabe von Komparativsätzen:

Айтканыңыздай болду.	Es hat sich so zugetragen, wie Sie gesagt haben/hatten.
Мен төшөктө жаткандай сездим.	Ich hatte das Gefühl wie jemand, der im Bett liegt = ich hatte das Gefühl, als läge ich im Bett.

10. Das Äquativsuffix -че

Dieses Suffix entspricht den deutschen Präpositionen *gemäß*, *(nach Art) wie* (vgl. **боюнча**, S. 33). Es dient zum Ausdruck der Qualität einer Person, Sache oder Handlung wie auch der Wiedergabe einer geschätzten Menge:

Тойго канча киши келди? Жүзчө киши келди.	Wie viele Leute sind zur Hochzeit gekommen? Ungefähr 100 Leute.
Вокзалга кандайча барууга болот?	Wie/auf welche Art kommt man zum Bahnhof?
Биздин бөлмөбүз анча чоң эмес.	Unser Zimmer ist nicht so groß.
Сен өзүнчө жашай аласыңбы?	Kannst du selbständig leben?

Durch Anfügung an Nationalitätsbezeichnungen entstehen die dazugehörigen Sprachbezeichnungen:

немис	Deutscher	немисче	auf Deutsch
түрк	Türke	түркчө	auf Türkisch
кыргыз	Kirgise	кыргызча	auf Kirgisisch
орус	Russe	орусча	auf Russisch
япон	Japaner	япончо	auf Japanisch

11. Verbstämme auf -генси

Eine Verbform, die in den Erzählungen des kirgisischen Schriftstellers Tschingis Ajtmatov häufig anzutreffen ist, ist diejenige auf **-генси**. Sie beinhaltet *so tun als ob*:

Уулубуз уктагансыды.	Unser Sohn hat getan, als ob er schliefe.
Бала мени көрбөгөнсүп өтүп кетти.	Das Kind hat getan, als sähe es mich nicht, und ist vorbeigegangen = das Kind ist vorbeigegangen, als hätte es mich nicht gesehen.

12. Verbstämme auf -ле

Durch Anfügung des Suffixes **-ле** an Substantive und Adjektive entstehen Verbstämme:

из	Spur	изде-	suchen
иш	Arbeit	иште-	arbeiten
жүк	Last	жүктө-	beladen
даяр	bereit	даярла-	vorbereiten
баш	Kopf, Anfang	башта-	beginnen
ой	Gedanke	ойло-	denken

13. Reflexive Verbstämme

Das Suffix zur Bildung reflexiv erweiterter Verbstämme lautet **-(и)н**:

кий-	anziehen	кийин-	sich anziehen
көр-	sehen	көрүн-	sich zeigen
тара-	kämmen	таран-	sich kämmen
жуу-	waschen	жуун-	sich waschen

Zu dieser Gruppe zählen auch Verben mit der reflexiven Form von **-ле**:

аракет	Anstrengung	аракеттен-	sich anstrengen
үй	Haus	үйлөн-	heiraten (m.)
даяр	bereit	даярлан-	sich vorbereiten
тамак	Essen, Speise	тамактан-	speisen

14. Reziproke Verbstämme

Das Suffix zur Bildung reziproker Verbstämme lautet **-(и)ш**:

кир-	eintreten	кириш-	sich einlassen
көр-	sehen	көрүш-	sich sehen
тааны-	kennen	тааныш-	sich kennen
ук-	hören	угуш-	einander hören

Hierzu zählen auch Verben mit der reziproken Form von **-ле**:

аңгеме	Unterhaltung	аңгемелеш-	sich unterhalten
салам	Gruß	саламдаш-	sich begrüßen
жай	Ort, Stelle	жайлаш-	sich niederlassen
дос	Freund	достош-	sich anfreunden

Neben seiner reziproken Bedeutung hat dieses Suffix auch kooperative Bedeutung und bildet als solches bei den finiten Formen des Vollverbs die 3. Person Plural (vgl. S. 43):

күл-	lachen	күлүш-	miteinander lachen
сүйлө-	sprechen	сүйлөш-	sich unterhalten
отур-	sitzen	отуруш-	zusammensitzen
ойно-	spielen	ойнош-	miteinander spielen

15. Kausative Verbstämme

Das Kirgisische kennt mehrere Kausativsuffixe; es lassen sich nur annäherungsweise Regeln dafür aufstellen, welches Suffix an einen bestimmten Verbstamm anzuschließen ist.

Die Suffixe **-гыз/-гыр** folgen auf einsilbige Verbstämme, die auf die Konsonanten **р**, **т** oder **й** enden:

кир-	eintreten	киргиз-	eintreten lassen
өт-	vorbeigehen	өткөр-	verbringen (Zeit)
жат-	liegen, sich legen	жаткыз/жаткыр-	schlafen legen
тур-	(auf)stehen	тургуз-	aufstellen

Einsilbige Verbstämme auf **-к** erhalten das Suffix **-ыз**:

ак-	fließen	агыз-	vergießen
ук-	hören	угуз-	hören lassen

Das Suffix **-дир** folgt auf einsilbige Verbstämme sowie auf diejenigen konsonantisch auslautenden mehrsilbigen Verbstämme, die nicht auf **-л** oder **-р** enden:

же-	essen	жедир-	zu essen geben
бил-	wissen	билдир-	mitteilen
түшүн-	verstehen	түшүндүр-	erklären
тааныш-	sich kennen	тааныштыр-	bekannt machen

Bei einsilbigen Verbstämmen auf **-т**, **-ш** und **-ч** ist der Anfangskonsonant des Kausativsuffixes entfallen:

ич-	trinken	ичир-	zu trinken geben
бүт-	enden	бүтүр-	beenden
быш-	reifen, kochen	бышыр-	kochen (tr.)
уч-	fliegen	учур-	fliegen lassen

Bei einigen weiteren erhält das Suffix darüber hinaus den Vokal **-а**:

кайт-	zurückkehren	кайтар-	zurückgeben
чык-	hinausgehen	чыгар-	herausholen

Demgegenüber folgt das Kausativsuffix **-т** auf mehrsilbige Verbstämme, die auf Vokal oder die Konsonanten **-л** oder **-р** enden:

кайна-	sieden	кайнат-	abkochen
уял-	sich schämen	уялт-	beschämen
оку-	lesen, studieren	окут-	lehren
токто-	stehen bleiben	токтот-	anhalten

Zu dieser Gruppe gehören auch Verben mit der kausativen Form von **-ле**:

терең	tief	терендет-	vertiefen
акырын	langsam	акырындат-	verlangsamen
жакын	nahe	жакындат-	näherbringen
таза	sauber	тазалат-	säubern lassen

16. Das Passiv

Für die meisten Verben lautet das Passivsuffix **-(и)л**:

бер-	geben	берил-	gegeben werden
кɵр-	sehen	кɵрүл-	gesehen werden
сат-	verkaufen	сатыл-	verkauft werden
ук-	hören	угул-	gehört werden

жаса-	herstellen	жасал-	hergestellt werden
ата-	nennen	атал-	genannt werden
жуу-	waschen	жуул-	gewaschen werden
оку-	lesen	окул-	gelesen werden

Endet der Verbstamm auf **-л**, lautet das Passivsuffix **-ин**:

бил-	wissen	билин-	gewusst werden
бɵл-	teilen	бɵлүн-	geteilt werden
ал-	nehmen	алын-	genommen werden
кыл-	machen	кылын-	gemacht werden

Verbstämme auf **ле-**, ausgenommen **башта-** *beginnen*, erhalten als Passivsuffix lediglich ein **-н**:

иште-	arbeiten	иштен-	gearbeitet werden
жүктɵ-	beladen	жүктɵн-	beladen werden
даярла-	vorbereiten	даярлан-	vorbereitet werden
ойло-	denken	ойлон-	gedacht werden

Die deutsche Präposition *von* wird in diesem Zusammenhang durch das Substantiv **тарап** *Seite*, ergänzt um Possessiv- und Ablativsuffix, wiedergegeben. Dabei entfällt bei der 3. Person das Genitivsuffix:

| Бул кат директорубуз тарабынан жазылган. | Dieser Brief wurde von unserem Direktor geschrieben. |

XIV. Wortfolge

In Sätzen mit **бар** und **жок** wird berichtet, dass etwas vorhanden bzw. nicht vorhanden ist. Entsprechend werden vor der Nennung des Subjekts der zeitliche und räumliche Rahmen angegeben. Das Prädikat steht im Kirgisischen am Satzende:

| Ушул дүкөндө ар дайым жаңы жашылчалар бар/болот. | In diesem Laden gibt es immer frisches Gemüse. |

In allen übrigen Sätzen steht das Subjekt des Satzes, sofern es sich um eine 3. Person handelt, am Satzanfang; erst danach folgen Zeitangabe, Objekte und Prädikat. Attribute stehen dabei stets undekliniert vor dem dazugehörigen Substantiv:

| Досум кечээ акыркы автобус менен Бишкектен Ошко карап жөнөп кетти. | Mein Freund ist gestern mit dem letzten Bus von Bischkek in Richtung Osch abgereist. |

Ein wesentliches Charakteristikum des Kirgisischen ist die Tatsache, dass es – abgesehen von Konditionalsätzen – keine Nebensätze bildet. Einerseits verwendet es Partizipien, die attributiv vor ein Substantiv gestellt werden:

| Ошто иштеген досум кечээ акыркы автобус менен Бишкектен Ошко карап жөнөп кетти. | Mein Freund, der in Osch arbeitet, ist gestern mit dem letzten Bus von Bischkek in Richtung Osch abgereist. |

Auf der anderen Seite drückt es Nebenhandlungen durch Konverbien aus:

| Ошто иштеген досум кечээ бизди күтпөстөн акыркы автобус менен Бишкектен Ошко карап жөнөп кетти. | Mein Freund, der in Osch arbeitet, ist gestern, ohne auf uns zu warten, mit dem letzten Bus von Bischkek in Richtung Osch abgereist. |

Ist das Subjekt des Satzes eine 1. oder 2. Person, ist sie Teil des Prädikats und steht damit am Ende des Satzes:

| Кечээ акыркы автобус менен Бишкектен Ошко карап жөнөп кеттик. | Wir sind gestern mit dem letzten Bus von Bischkek in Richtung Osch abgereist. |

Derjenige Teil, der im Deutschen dem Hauptsatz entspricht, steht im Kirgisischen am Ende des Satzes. Bei der Übersetzung ins Deutsche empfiehlt es sich daher, zuerst den Satzteil nach einem Partizip oder Konverb als Hauptsatz zu übersetzen und anschließend den davorliegenden Teil einschließlich dem Partizip bzw. Konverb durch einen Nebensatz aufzulösen:

| Ошто иштеген / досум Ошко карап жөнөп кетти. | Mein Freund, der in Osch arbeitet, ist in Richtung Osch abgereist. |

| Силерди күтпөстөн / Ошко карап жөнөп кеттик. | Wir sind in Richtung Osch abgereist, ohne auf euch zu warten |

Бизди тамакка чакырган / кошуна ким?	Wer ist der Nachbar, der uns zum Essen eingeladen hat?
Атасы бизди тамакка чакырган / кошуна ким?	Wer ist der Nachbar, dessen Vater uns zum Essen eingeladen hat?
Силер тамакка чакырган / кошуна ким?	Wer ist der Nachbar, den ihr zum Essen eingeladen habt?
Силер атасын тамакка чакырган / кошуна ким?	Wer ist der Nachbar, dessen Vater ihr zum Essen eingeladen habt?

Wie entscheidend die Wortfolge für das Verständnis eines Satzes ist, sollen die folgenden Beispiele veranschaulichen:

Студент китеп окуган.	Der Student hat ein Buch gelesen.
Китеп окуган сиудент ...	Der Student, der ein Buch gelesen hat, ...
Студент окуган китеп ...	Das Buch, das der Student gelesen hat, ...

Anhang

Übersicht über die kirgisischen Suffixe

Suffixe Vokalharmonie 1 (vgl. S. 3)	
-(е)йин	Optativ 1. Person Singular (S. 64)
-(е)р	Partizip sowie Themasuffix unbestimmtes Futur (S. 46, 83)
-нер	Possessiv 2. Person Plural (S. 12)
-бе	Negation (S. 42)
-бес	Partizip sowie Themasuffix unbestimmtes Futur (S. 46, 83)
-бестен	Konverb (S. 93)
-ге	Dativ (S. 9)
-ген	Verbalnomen sowie Themasuffix Perfekt (S. 56, 76)
-гени	Konverb (S. 93)
-генси	Verbbildung (S. 105)
-генче	Konverb (S. 94)
-де	Lokativ (S. 10)
-дей/-дек	Äquativ (S. 104)
-ден	Ablativ (S. 11)
-е	Konverb sowie Themasuffix Präsens-Futur (S. 44, 48, 85)
-ели(к)	Optativ 1. Person Plural, nach Konsonant (S. 64)
-ле	Verbbildung (S. 106)
-лер	Plural (S. 8)
-лери	Possessiv 3. Person Plural (S. 14)
-мейиче	Konverb (S. 94)
-мек(чи)	Themasuffix (S. 52)
-се	Konditionale Personalendung 3. Person (S. 69)
-сек	Konditionale Personalendung 1. Person Plural (S. 69)
-сем	Konditionale Personalendung 1. Person Singular (S. 69)
-сең	Konditionale Personalendung 2. Person Singular (S. 69)
-сеңер	Konditionale Personalendung 2. Person Plural (S. 69)
-сеңиз	Konditionale Personalendung 2. Person Singular formell (S. 69)
-сеңиздер	Konditionale Personalendung 2. Person Plural formell (S. 69)
-че	Substantivbildung (S. 100)
-че	Äquativ (S. 105)

114   Anhang

Suffixe Vokalharmonie 2 (vgl. S. 3)	
-(д)ир	Kausativ (S. 108)
-(е)йин	Optativ 1. Person Singular (S. 64)
-(и)биз	Possessiv 1. Person Plural (S. 12)
-(и)л	Passiv (S. 109)
-(и)м	Possessiv 1. Person Singular (S. 12)
-(и)н	Reflexiv (S. 106)
-(и)нчи	Ordinalzahlen (S. 30)
-(и)ң	Possessiv 2. Person Singular (S. 12)
-(и)ңер	Possessiv 2. Person Plural (S. 12)
-(и)ңиз	Possessiv und Imperativ 2. Person Singular formell (S. 12, 62)
-(и)ңиздер	Possessiv und Imperativ 2. Person Plural formell (S. 12, 62)
-(и)п	Konverb (S. 48, 88)
-(и)птир	Themasuffix unbestimmtes Perfekt (S. 60)
-(и)рээк	Komparativ (S. 18)
-(и)ш	Reziprok- und Kollektivsuffix (S. 43, 106)
-(и)ш	Verbalnomen (S. 75)
-(с)и	Possessiv 3. Person Singular (S. 14)
-би	Fragepartikel (S. 26)
-биз	Präsentische Personalendung 1. Person Plural (S. 37)
-ги	Substantivbildung (S. 101)
-ги/-ки	Zugehörigkeit (S. 103)
-гиз/-гир	Kausativ (S. 107)
-гиле	Imperativ 2. Person Plural (S. 62)
-ди	Perfektische Personalendung 3. Person (S. 54)
-дик	Perfektische Personalendung 1. Person Plural (S. 54)
-дим	Perfektische Personalendung 1. Person Singular (S. 54)
-диң	Perfektische Personalendung 2. Person Singular (S. 54)
-диңер	Perfektische Personalendung 2. Person Plural (S. 54)
-диңиздер	Perfektische Personalendung 2. Person Plural formell (S. 54)
-диңңиз	Perfektische Personalendung 2. Person Singular formell (S. 54)
-дир	Kausativ (S. 107)
-дир	Partikel (S. 25, 43, 60, 98)
-ил	Passiv (S. 109)
-йли(к)	Optativ 1. Person Plural, nach Vokal (S. 64)
-лик	Substantivbildung (S. 102)
-мин	Präsentische Personalendung 1. Person Singular (S. 37)
-ни	Akkusativ (S. 10)
-нин	Genitiv (S. 8)
-сиз	Präsentische Personalendung 2. Person Singular formell (S. 37)
-сиз	Adjektivbildung (S. 103)
-сиздер	Präsentische Personalendung 2. Person Plural formell (S. 37)
-син	Imperativ 3. Person Singular (S. 63)

Anhang 115

-син	Präsentische Personalendung 2. Person Singular (S. 37)
-синер	Präsentische Personalendung 2. Person Plural (S. 37)
-чи	Substantivbildung (S. 101)
-чи	Partikel (S. 98)

Suffixe, deren Anfangskonsonanten entstimmt werden, wenn die vorausgehende Silbe auf einen stimmlosen Konsonanten endet (vgl. S. 4)	
-бе	Negation (S. 42)
-бес	Partizip sowie Themasuffix unbestimmtes Futur (S. 46, 83)
-бестен	Konverb (S. 93)
-би	Fragepartikel (S. 26)
-биз	Präsentische Personalendung 1. Person Plural (S. 37)
-ге	Dativ (S. 9)
-ген	Verbalnomen sowie Themasuffix Perfekt (S. 56, 76)
-гени	Konverb (S. 93)
-генси	Verbbildung (S. 105)
-генче	Konverb (S. 94)
-ги	Substantivbildung (S. 101)
-ги/-ки	Zugehörigkeit (S. 103)
-гиз/-гир	Kausativ (S. 107)
-гиле	Imperativ 2. Person Plural (S. 62)
-де	Lokativ (S. 10)
-дей/-дек	Äquativ (S. 104)
-ден	Ablativ (S. 11)
-ди	Perfektische Personalendung 3. Person (S. 54)
-дик	Perfektische Personalendung 1. Person Plural (S. 54)
-дим	Perfektische Personalendung 1. Person Singular (S. 54)
-дин	Perfektische Personalendung 2. Person Singular (S. 54)
-динер	Perfektische Personalendung 2. Person Plural (S. 54)
-диниздер	Perfektische Personalendung 2. Person Plural formell (S. 54)
-динниз	Perfektische Personalendung 2. Person Singular formell (S. 54)
-дир	Kausativ (S. 107)

Suffixe, deren Anfangskonsonanten zu д bzw. zu т werden, wenn eine Silbe vorausgeht, die auf Konsonant endet (vgl. S. 4)	
-ле	Verbbildung (S. 106)
-лер	Plural (S. 8)
-лери	Possessiv 3. Person Plural (S. 14)
-лик	Substantivbildung (S. 102)
-луу	Adjektivbildung (S. 103)
-ни	Akkusativ (S. 10)
-нин	Genitiv (S. 8)

Suffixe, vor denen к und п stimmhaft werden (vgl. S. 4)	
-ейин	Optativ 1. Person Singular (S. 64)
-ер	Partizip sowie Themasuffix unbestimmtes Futur (S. 46, 83)
-ибиз	Possessiv 1. Person Plural (S. 12)
-ил	Passiv (S. 108)
-им	Possessiv 1. Person Singular (S. 12)
-ин	Reflexiv (S. 105)
-иң	Possessiv 2. Person Singular (S. 12)
-иңер	Possessiv 2. Person Plural (S. 12)
-иңиз	Possessiv 2. Person Singular formell (S. 12)
-иңиз	Imperativ 2. Person Singular formell (S. 62)
-иңиздер	Possessiv 2. Person Plural formell (S. 12)
-иңиздер	Imperativ 2. Person Plural formell (S. 62)
-инчи	Ordinalzahlen (S. 30)
-ип	Konverb (S. 48, 88)
-иптир	Themasuffix unbestimmtes Perfekt (S. 60)
-ирээк	Komparativ (S. 18)
-иш	Reziprok- und Kollektivsuffix (S. 43, 106)
-иш	Verbalnomen (S. 75)
-и	Possessiv 3. Person Singular (S. 14)
-е	Konverb sowie Themasuffix Präsens-Futur (S. 44, 48, 85)
-ели(к)	Optativ 1. Person Plural, nach Konsonant (S. 64)
-ил	Passiv (S. 109)
-йли(к)	Optativ 1. Person Plural, nach Vokal (S. 64)
-уу	Verbalnomen (S. 73)

Die deutschen Nebensätze und ihre kirgisischen Entsprechungen

als (temporal)	-се (S. 71), -генде (S. 78), -(е)р замат (S. 83)
als ob (modal)	го (S. 99), -гендей (S. 104), -генси (S. 105)
bevor (temporal)	-(е)рден алгын (S. 83), -е элегинде (S. 84)
bis (temporal)	-генге чейин (S. 77), -гиче (S. 94), -генче (S. 94)
dadurch, dass (modal)	-е/-й (S. 85), -(и)п (S. 89)
damit, dass (final)	-(и)ш үчүн (S. 75), деп (S. 93)
dass-Sätze	-(и)ш (S. 75), -ген (S. 77), деп (S. 92)
ehe nicht	-мейинче (S. 94)
indem (modal)	-е/-й (S. 85), -(и)п (S. 89)
indirekte Fragesätze	-гени (S. 78)
Infinitiv mit *zu*	-үү (S. 74), -ген (S. 76)
je ... desto (modal)	-ген сайын (S. 79)
kaum dass (temporal)	-(е)ри менен (S. 83)
nachdem (temporal)	-генден кийин (S. 78)
ob	-гени (S. 78), -(е)р (S. 80), деп (S. 92)
obwohl (konzessiv)	-се да (70), -гени менен (S. 79), -(и)п (S. 88)
ohne zu (modal)	-бей (S. 86), -бестен (S. 93)
Relativsätze	-ген (S. 80), -(и)п жаткан (S. 82), -үүчү (S. 84)
seitdem (temporal)	-генден бери (S. 77), -гени (94)
sobald (temporal)	-(е)ри менен (S. 83), -генде (S. 78)
solange nicht	-мейинче (S. 94)
statt dass, statt zu	-генден көрө (S. 76), -генче (S. 94)
um zu (final)	-үү үчүн (S. 74), -гени (S. 93)
während (temporal)	-генде (S. 81), -(и)п жатканда (S. 82)
weil (kausal)	деп (S. 92), -гендигинен/-гендиги үчүн (S. 77)
wenn (temporal)	-генде (S. 78)
wenn (konditional)	-се (S. 69), -генде (S. 78)
wenn auch (konzess.)	-се да (S. 70)
wie (modal)	-гендей (S. 104)
wobei (modal)	-е/-й (S. 85), -(и)п (S. 89)

Alphabetisches Vokabelverzeichnis

абдан	sehr	алма	Apfel
август	August	алты	sechs
автобус	Bus	алтымыш	sechzig
автовокзал	Busbahnhof	алып кел-	bringen
агыз-	vergießen	аман-эсен	gesund und munter
адам	Mensch		
адрес	Adresse	анча	so sehr
адыр	Anhöhe	анык	offensichtlich, unzweifelhaft
аз	wenig		
азык-түлүк	Lebensmittel	аңгеме	Unterhaltung
азыр	jetzt, gleich	аңгемелеш-	sich unterhalten
азыркы	jetzig	анда-санда	hin und wieder
ай	Mond, Monat	апа	Mutter
айлан-	sich drehen	ар дайым	immer
айт-	sagen	ар жерде	überall
айтуу	Aussage	ар качан	jederzeit, immer
айтып бер-	erzählen	ара	Zwischenraum
айыл (-йлы)	Dorf	араба	Wagen
ак	weiß	аракет	Anstrengung
ак-	fließen	аракеттен-	sich anstrengen
акча	Geld, Währung	арка/арт	Rückseite; hinter
акыл	Verstand	аркалуу/аркылуу	mittels, durch
акылдуу	klug	асман	Himmel
акылсыз	unklug, dumm	аст	Unterseite
акыркы	letzter	асты жакта	unten
акырын	langsam	ат	Name
акырындат-	verlangsamen	ат	Pferd
ал	jener, er	ата	Vater
ал-	nehmen, holen, bekommen	ата-	nennen
		атал-	genannt werden
ал жерде	dort	ачкыч	Schlüssel
алгачкы	erster	ачык	offen
алд	Vorderseite; vor	аэропорт	Flughafen
алда	irgend	аябай	überaus
алдын	vorher	аял	Frau

баала-	einschätzen	бир аз	ein wenig
баары	alle	бир канча	ein paar
базар	Markt	бир нерсе	etwas
бай	reich	бири-бири	einander
байке	älterer Bruder	бирок	aber, sondern
байлык	Reichtum	боз	aschfarben, grau
бак	Garten	боз үй	Jurte, Filzzelt
бал	Honig	бол-	werden, sein
бала	Kind	болуп	als
балдай	wie Honig	борбор	Zentrum
балдар бакча	Kindergarten	бош	leer, frei
балким	vielleicht	боюнча	gemäß, zufolge
балык	Fisch	бөл-	teilen
балыкчы	Fischer	бөлмө	Zimmer
балыкчылык	Fischerei	бу(л)	dieser hier
бар	vorhanden	бузул-	kaputt gehen
бар-	(hin)gehen	бул жерде	hier
бат эле	sofort	булут	Wolke
баш	Kopf, Anfang	булутсуз	wolkenlos
башка	anderer	булуттуу	bewölkt
башта-	anfangen	бут	Fuß
баштап	von ... an	бүгүн	heute
бекерге	vergebens	бүгүнкү	heutig
белги	Kennzeichen	бүрсүгүнү	übermorgen
белгилүү	bekannt	бүт-	enden
белгисиз	unbekannt	бүтүн	ganz
белек	Geschenk	бүтүр-	beenden
бер-	geben	быш-	reifen, kochen
бери	seit	бышыр-	kochen (tr.)
беш	fünf	вокзал	Bahnhof
биз	wir	гезит	Zeitung
бийик	hoch	го	scheinbar, als ob
бийле-	tanzen	да	auch
бил-	wissen, können	да ... да	sowohl ... als auch
билдир-	mitteilen	даамдуу	schmackhaft
билет	Karte	дагы	auch, noch
бир	eins, einer	дары	Medikament
бирөө	einer	дарыкана	Apotheke

дасторкон	Tisch(decke)	жарым	Hälfte, halb
даяр	bereit	жаса-	herstellen
даярла-	vorbereiten	жасалма көлмө	Schwimmbad
даярлан-	sich vorbereiten	жат-	liegen, sich legen
де-	sagen	жаткыз/жаткыр-	schlafen legen
дем ал-	Atem schöpfen	жаш	jung
деңиз	Meer	жаш	Lebensjahr
дептер	Heft	жаша-	leben
дептерче	Heftchen	жашыл	grün
директор	Direktor	жашылча	Gemüse
доктур	Arzt	же	oder
дос	Freund	же-	essen
дүкөн	Laden, Geschäft	же ... же	entweder ... oder
дүкөнчү	Kaufmann	жедир-	zu essen geben
жаа-	regnen	жемиш	Obst
жаан	Regen	жер	Ort, Erde
жаз	Frühling	жети	sieben
жаз-	schreiben	жетимиш	siebzig
жай	langsam	жет-	ankommen
жай	Sommer	жетиш-	erreichen
жай	Ort, Stelle	жибер-	schicken
жайлаш-	sich niederlassen	жогору жакта	oben
жайлоо	Sommerweide	жогулуш-	sich versammeln
жак	Seite	жок	nicht vorhanden, nein
жак-	gefallen		
жакшы көр-	lieben	жол	Weg, Mal
жакын	nahe	жолдош	Freund, Partner
жакында	bald, kürzlich	жомок	Märchen
жакындат-	näherbringen	жооп	Antwort
жан	Seite; neben, bei	жооп бер-	Antwort geben
жана	und	жөнө-	fahren
жаңы	neu, frisch	жөнө-	(ab)fahren
жаңылык	Neuigkeit	жөнүндө	betreffend, über
жап-	schließen	жумуш	Arbeit
жараша	entsprechend	жумушчу	Arbeiter
жардам	Hilfe	жүр-	marschieren
жардам бер-	helfen	журнал	Zeitschrift
жардамдаш-	helfen	жуу-	waschen

жуун-	sich waschen	кайтар-	zurückgeben
жүз	hundert	кайтып кел-	zurückkommen
жүк	Last	кал-	bleiben
жүктө-	beladen	канат	Flügel
жыгыл-	herabstürzen	кандай	wie, was für
жыйырма	zwanzig	кандайча	auf welche Art
жыл	Jahr	кантип	auf welche Art
жылуу	warm	канча	wie viel
жээк	Ufer	канчада	um wie viel Uhr
заказ бер-	bestellen	канчанчы	der wievielte
заман	Zeit	кар	Schnee
замат	Zeitpunkt	кара	schwarz
зор	groß, gewaltig	кара-	schauen
из	Spur	карабай	ungeachtet, trotz
изде-	suchen	карабастан	ungeachtet, trotz
илгери	früher, einst	караганда	im Vergleich
илим	Wissenschaft	карай	in Richtung
имиш	angeblich	карандаш	Bleistift
интернет	Internet	карап	in Richtung
ирет	Ordnung	каршы	Gegenüber
иретке келтир-	in Ordnung bringen	каршы	entgegen, gegen
		карын (-рды)	Leib
иттей	hundsmäßig	кат	Brief
ич	Inneres	катуу	heftig, hart
ич-	trinken	кафе	Kaffee
ичир-	zu trinken geben	качан	wann
иш	Arbeit	кашык	Löffel
иште-	arbeiten	кез	Zeit(raum)
каала-	wollen	кел-	kommen
кабыл ал-	annehmen	кеңеш бер-	(an)raten
кай(сы)	welcher	керектүү	erforderlich
кайда	wohin, wo	кесип	Beruf
кайдан	woher	кет-	(weg)gehen
кайна-	sieden	кеч	spät
кайнат-	abkochen	кечик-	sich verspäten
кайсы жерде	wo	кечир-	verzeihen
кайсы жерден	woher	кечки	abendlich
кайт-	zurückkehren	кечки тамак	Abendessen

кечте-	Abend werden	кош	angenehm
кечээ	gestern	коштош-	s. verabschieden
кечээки	gestrig	кошуна	Nachbar
кий-	anziehen	көз	Auge
кийиз	Filz	көз доктур	Augenarzt
кийин	danach, nachher	көзайнек	Brille
кийин-	sich anziehen	көздө-	aufpassen
кийинки	nächster, späterer	көн-	sich angewöhnen
килем	(Web-)Teppich	көйнөк	Hemd
килемче	kleiner Teppich	көк	bau/grün
килемчи	Teppichweber	көл	See
килемчилик	Teppichweberei	көп	viel, oft
ким	wer	көптүк	Mehrzahl, Menge
кимге	wem, zu wem	көпүрө	Brücke
кимде	bei wem	көрө	im Vergleich
кимден	von wem	көр-	sehen
кимди	wen	көрсөт-	zeigen
кимдин	wessen	көрүн-	sich zeigen
кимдир бирөө	irgend jemand	көрүш-	sich sehen
кино	Kino, Film	көч-	umziehen
кир-	eintreten	көүүчү	Zuschauer
киргиз-	eintreten lassen	кубаныч	Freude
кириш-	sich einlassen	кубанычтуу	erfreut
кируу	Eintritt	кудай	Gott
китеп	Buch	куттукта-	Glück wünschen
китепкана	Bibliothek	куттуу	glücklich
китепканачы	Bibliothekar	куш	Vogel
китепче	Büchlein	күл-	lachen
кичи, кичине	klein	күн	Tag, Sonne
киши	Person	күт-	(er)warten
класс	Klasse	күү	Melodie
кой-	stellen, legen	күч	Kraft
кол	Hand	күчсүз	kraftlos, schwach
конок	Gast	күчтүү	kräftig
консул	Konsul	кыз	Mädchen, Tochter
консулдук	Konsulat		
коон	Honigmelone	кыз бала	Mädchen
корк-	sich fürchten	кызмат	Dienst, Aufgabe

кызыктуу	interessant	мүнөт	Minute
кызыл	rot	мындай	solch, derartig
кыймылда-	sich rühren	нан	Brot
кыл-	machen	нарк	Wert
кылым	Jahrhundert	не ... не	weder ... noch
кымбат	teuer	немис	deutsch
кымыз	Kumys (gegorene Stutenmilch)	немисче	auf Deutsch
		ой	Gedanke
кыргыз	Kirgise	ойгон-	aufwachen
кыргызча	auf Kirgisisch	ойло-	denken
кырк	vierzig	ойно-	spielen
кээде	selten	ок	Achse
лампа	Lampe	оку-	lesen, studieren
маалымат	Kenntnis	окут-	lehren
май	Mai	окутуучу	Erzieher, Lehrer
майрам	Fest	окутуучулук	Lehrerberuf
макала	Aufsatz, Artikel	окуу	Studium
макта	loben	окуучу	Schüler
машина	Auto	окшо-	ähneln
мейман	Gast	он	zehn
мейманкана	Hotel	оң жакта	rechts
меймандостук	Gastfreundschaft	ооба	ja
мейманкана	Hotel	оору	Krankheit, krank
мектеп	Schule	оорукана	Krankenhaus
мен	ich	орто	Mitte; inmitten
менен	mit, und	орун (-рду)	Platz
метеоролок	Meteorologe	орус	Russe
миң	tausend	орусча	auf Russisch
мин-	aufsteigen	отуз	dreißig
мол	wohlhabend	отур-	sitzen
муз	Eis	ошо(л)	der dort
муздак	eisig	ошол жерде	dort
музыка	Musik	ошондой	so, derart
мурда күнү	vorgestern	өз	selbst
мурун, мурда	davor, vorher	өкүнүчтүү	bedauerlich
мурун (-рду)	Nase	өл-	sterben
мурунку	vorheriger	өлкө	Land
мүмкүн	möglich	өтө	überaus

өт-	vorbeigehen	сом	Sum
өткөр-	vorbeilassen	сонун	vortrefflich
өткөр-	verbringen (Zeit)	соо	gesund
өтүк	Stiefel	соолук	Gesundheit
өтүн-	bitten	сөз	Wort
пайда	Nutzen	сөздүк	Wörterbuch
пайдалуу	nützlich	студент	Student(in)
парк	Park	сура-	fragen
поезд	Zug	суроо	Frage
почта	Post	суу	Wasser
президент	Präsident	суук	kalt, Kälte
радио	Radio	сүз-	schwimmen
саат	Stunde, Uhr	сүй-	lieben
сабак	Unterricht	сүйлө-	sprechen
сайын	jeder	сүйлөш-	sich unterhalten
сакшы	gut	сүйүн-	sich freuen
сал-	legen, hineintun	сүрөт	Bild
салам	Gruß	сыр	Geheimnis
саламдаш-	sich begrüßen	сырт	Äußeres
салкын	kühl	сыяктуу	(genau) wie
самолёт	Flugzeug	тааны-	kennen
сары	gelb	тааныш-	sich kennen
сат-	verkaufen	тааныштыр-	bekannt machen
сатуучу	Verkäufer	таза	sauber
сатып ал-	(ein)kaufen	тазала-	säubern
саякат	Reise	тазалат-	säubern lassen
саякатта-	reisen	такси	Taxi
сеанса	Vorstellung	такылдат-	anklopfen
сегиз	acht	тамак	Essen, Speise
сез-	spüren, fühlen	тамактан-	speisen
сексен	achtzig	тамеки чек-	rauchen
сен	du	танда-	auswählen
сеп-	säen	тап-	finden
серүүн	kühl, frisch	тара-	kämmen
сиз	Sie (Sg.)	таран-	sich kämmen
сиздер	Sie (Pl.)	тарап	Seite, Partei
силер	ihr	тартып	von ... an
сол жакта	links	таттуу	süß, angenehm

таш	Stein	тургуз-	aufstellen
ташта-	werfen	турмуш	Leben
театр	Theater	турмушка чык-	heiraten (f)
тез	schnell	туул-	geboren werden
тездик	Schnelligkeit	туура	richtig, genau
тез-тез	oft	тууралуу	betreffend, über
текче	Regal	түзүк	angemessen, gut
телефон	Telefon	түрк	Türke
телефон чал-	anrufen	түркчө	auf Türkisch
терезе	Fenster	түнкү	nächtlich
терезече	Fensterchen	түш-	fallen u.a.m.
терек	Pappel	түшкү	mittäglich
терең	tief	түшкү тамак	Mittagessen
терендет-	vertiefen	түшүн-	verstehen
тиги(л)	der da	түшүндүр-	erklären
тигил жерде	dort	түшүр-	werfen
тигүүчү	Schneider	тээтиги	jener
тийиш	notwendig	убакыт (-кты)	Zeit
тик-	nähen	угуз-	hören lassen
тил	Sprache	угуш-	einander hören
тилекке каршы	leider	узун	lang
титирөө	Beben	ук-	hören
тиш	Zahn	укта-	schlafen
тогуз	neun	унут-	vergessen
той	(Hochzeits-)Fest	уруксат	Erlaubnis
токсон	neunzig	уруксат эт-	erlauben
токто-	stehen bleiben	уул	Sohn
токтот-	anhalten	уста	Meister
тоо	Berg	уч-	fliegen
топ	Menge	учур	Zeitpunkt
топто-	sammeln	учур-	fliegen lassen
тоскоолдук	Behinderung	учураш-	sich treffen
төк-	vergießen	ушу(л)	dieser gleich hier
төө	Kamel	ушул жерде	gleich hier
төр	Ehrenplatz	ушундай	so, derart
төрт	vier	ушунчалык	derart, so
төшөк	Bett	уял-	sich schämen
тур-	leben, (auf)stehen	уялт-	beschämen

үй	Haus	экен	vermutlich, wohl
үй-бүлө	Familie	эки	zwei
үйлөн-	heiraten (m.)	эле	denn, doch, schon
үйрөн-	lernen	элек	noch nicht
үст	Oberseite	электрондук	elektronisch
үч	drei	элүү	fünfzig
үчүн	für, wegen	эмгекчил	fleißig
футбол	Fußball	эмес	nicht
хан	Khan, König	эми	jetzt, nunmehr
цирк	Zirkus	эмне	was
чай	Tee	эмне үчүн	warum, wofür
чайкана	Teehaus	эмнеге	wozu
чакыр	rufen, einladen	эмнеден	weshalb
чакыруу	Einladung	эне	Mutter
чарча-	ermüden	эң	höchst
чейин	bis	эркек бала	Junge
чейрек	Viertel	эрте	früh
чек-	ziehen	эртең	morgen
чет	ausländisch, fremd	эртең мененки	morgendlich
		эртең мененки тамак	Frühstück
чоң	groß		
чөп	Heu	эртеңки	morgig
чурка-	rennen, laufen	эсен	glücklich
чыгар-	herausholen	эс	Gedächtnis, Verstand
чык-	hinausgehen		
чын көңүлү	gerne	эс ал-	ausruhen
чыны	Tasse	эт	Fleisch
шаар	Stadt	эч кайда	nirgends
шаарча	Städtchen	эч качан	niemals
шашыл-	sich beeilen	эч нерсе	nichts
ыктымал	wahrscheinlich	эшик	Tür
ыракмат	Dank	юбка	Rock
ысык	warm, heiß	япон	Japaner
ысым	Name	япончо	auf Japanisch
эже	ältere Schwester		

Sachregister

Ablativ 11, 14, 18, 20, 29, 31, 36, 76
Absicht 46, 52, 68, 72
Adjektiv 17 ff., 20, 76
Adjektivbildung 103 ff.
Adverb 20
Adverbialsätze 85 ff.
Äquativsuffix 104, 105
Akkusativ 10, 14, 21
Alphabet 1
Alter 31
Alternativfragen 26
Artikel 7
Attribut 17, 21, 24, 81, 83, 110
Aufforderungsformen 62 ff.
Betonung 2, 19, 25, 26, 98
бол- 39, 41, 67, 68, 79, 89
бар, **жок** 13, 39, 79, 81
Bruchzahlen 31
Dativ 9, 13, 14, 20, 21, 29, 35
Datum 30
Deklination 7, 13, 22, 24, 73, 103
Demonstrativpronomina 21
Dezimalangaben 31
Distributivzahlen 31
Dubitativ 39
dürfen 74
экэн 39, 65, 79
элэ 41, 66, 99
элек 41, 66, 84
эмес 38, 43 ff.
es 22
Finalsatz 74, 75, 93
Fragepartikel 26
Futur 44 ff., 66, 82
Futur II 67
gehören 9, 23

Genitiv 9, 14, 21, 32, 75, 80, 103
Gen.-Poss.-Konstruktion 15, 23, 34
Genitivus partitivus 27
Gewohnheit 44, 58, 78, 84, 101
Großschreibung 2
haben 13
Hilfsverb *sein* 37 ff.
Hilfsverben 86 ff., 89 ff.
имиш 41, 66
Imperativ 62 f.
Indefinitpronomina 25
Indirekte Fragesätze 78, 92
Infinitiv 42, 74, 75
Intensivformen des Adjektivs 19
Interrogativpronomina 25
Kardinalzahlen 27
Kasus 8
Kasus indefinitus 7
Kausalsatz 13, 77, 88, 92
Kausative Verbstämme 107
können 76, 86
Kollektivzahlen 27
Komparativ 18
Komparativsätze 76, 104
Konditionalsatz 69, 79
Konjunktionen 96
Konjunktiv 67
Konsonanten 4
Konverbien 85 ff.
Konzessivsatz 70, 79, 88
Kooperativsuffix 43, 107
Lautgesetz 3, 73
Lautlehre 1
Lokativ 10, 20, 29, 50, 78, 104
Modalsatz 79, 85, 86, 89, 93, 95, 99
mögen 64, 101

Möglichkeit 46, 74 f., 86, 99
müssen 74, 75
Nebensätze 110
Negation 38, 43, 86, 94, 103
Nominativ 7, 32
Notwendigkeit 52, 71, 75
Objekt 10, 80, 81, 110
Optativ 64
Ordinalzahlen 30
Partikeln 98
Partizip 42 ff., 80 ff.
Passiv 109
Perfekt 41, 54 ff., 76
Personalendungen 37, 54, 69
Personalpronomina 22, 37
Plural 7 f., 25, 43
Plusquamperfekt 67
Possessivpronomina 23
Possessivsuffixe 12 ff.
Postpositionen 32 ff.
Prädikat 110
Prädikatsnomen 9, 13, 17, 37 ff., 42
Präsens 37, 44 ff., 82, 91
Präsens-Futur 44, 46, 83
Präteritum 65 f.
Pronomina 21 ff.
Pronominales н 14, 21, 103
Reflexive Verbstämme 106
Reflexivpronomen 23
Relativsatz 80
Reziproke Verbstämme 106
Reziprokes Pronomen 24
Singular 7
sollen 52, 63, 64, 75, 83

Sprachbezeichnungen 105
Subjekt 22, 80, 85, 110
Subjektkasus 7
Substantiv 7 ff.
Substantivbildung 73 ff., 100 f.
Suffixbildung 3
Superlativ 19
Temporalsatz 77, 78, 82, 83, 87, 94
Themasuffix 42
Uhrzeit 28
unbestimmter Artikel 7, 17
Ursache 11
Verallgemeinernde Relativsätze 72
Verbaladverbien s. Konverbien
Verbalkompositionen 86 f., 89 ff.
Verbalnomina 73 ff.
Verbbildung 105 ff.
Verbstamm э- 38
Vermutung 40, 65, 99
Verneinung 38, 42
Vokale 2
Vokalharmonie 2 f.
Vollverb 42 ff.
Wegstrecke 11
wollen 74
wörtliche Rede 92
Wortbildung 100
Wortfolge 110
Wunsch 52, 71, 101
Zahlen 27 ff.
Zugehörigkeit 9, 103
Zusammengesetzte Substantive 16
Zusammengesetzte Verbformen 65 ff

Literaturverzeichnis

Aytmatov, Čyngyz:
Birinči mugalim. Povestter žana angemeler. Frunze 1978

Arnold, Hans-Joachim:
Wörterbuch Kirgisisch–Deutsch und Deutsch–Kirgisisch. Berlin 2010

Imart, Guy:
Le Kirghiz. 2 Bde. Aix-en-Provence 1981

Kirchner, Mark:
Kirghiz. The Turkic Languages, 1998, S. 344–356

Lugovskoy, Aleks:
Kurs kirgizkogo jazyka. 2005

Menges, Karl Heinrich:
Die aralo-kaspische Gruppe. Philologiae Turcicae Fundamenta 1959, S. 439–488

Ömüraliewa, Süjümkan, Kundusakowa, Swetlana Anponisowna, Arnold, Hans-Joachim (Übers.):
Wir lernen Kirgisisch. Berlin 1999

Somfai Kara, Dávid:
Kyrgyz. München 2008

Temir, Ahmet:
Die nordwestliche Gruppe der Türksprachen. Handbuch der Orientalistik, Turkologie 1963, S. 161–173

Tokubek uulu, Bakytbek, Schlecht, Frieder (Übers.):
Lernen Sie Kirgisisch. Bischkek 2009

Wurm, Stefan:
The (Kara-)Kirghiz Language. Bulletin of the School of Oriental and African Studies, Bd. 13, 1949, S. 97–120

Angelika Landmann
Usbekisch
Kurzgrammatik

2010. VI, 131 Seiten, br
ISBN 978-3-447-06289-3
€ 18,80 (D) / sFr 33,30

Angelika Landmanns Kurzgrammatik erläutert die Grundlagen der usbekischen Sprache knapp, übersichtlich und leicht verständlich. Die systematisch nach grammatischen Kategorien gegliederten Inhalte werden anhand von Tabellen und Beispielsätzen aus der Alltagssprache veranschaulicht. Damit richtet sich die Grammatik sowohl an Personen, die bereits über Kenntnisse des Usbekischen verfügen, als auch an linguistisch Interessierte ohne Vorkenntnisse, die sich einen raschen Überblick über die Strukturen der Sprache verschaffen wollen. Der Aufbau ist an Landmanns ebenfalls bei Harrassowitz erschienener türkischer Kurzgrammatik orientiert und erlaubt ein vergleichendes Studium der beiden Turksprachen.

Zusätzlich enthält die Grammatik einen Anhang mit Übersichten über die häufigsten Suffixe, die Deklination der Substantive, die usbekischen Verbformen, die deutschen Nebensätze, ihre usbekischen Entsprechungen sowie ein alphabetisches Vokabelverzeichnis und ein Sachregister.

Sigrid Kleinmichel, Atabai Shumanijasow
Übungsbuch Usbekisch
Lexik und Grammatik

Turkologie und Türkeikunde 3

1995. XVIII, 246 Seiten, br
ISBN 978-3-447-03651-1
€ 49,– (D) / sFr 84,–

Mit Hilfe dieses Übungsbuches kann die usbekische Sprache, die zur Gruppe der Turksprachen gehört, erlernt werden. Vorausgesetzt wird das Beherrschen einer Turksprache bzw. zumindest gute Kenntnisse ihrer Grundstrukturen. Das Buch fördert die Fertigkeiten im Sprechen und Verstehen und dient der Vertiefung der Kenntnisse der grammatischen Strukturen. Zum Minimalwortschatz gehörende Verben werden ebenso geübt wie Ausdrucksmöglichkeiten für temporale, konditionale, kausale und andere Sachverhalte. Schließlich werden die Voraussetzungen für das sichere Lesen usbekischer Texte erweitert.

HARRASSOWITZ VERLAG · WIESBADEN
www.harrassowitz-verlag.de · verlag@harrassowitz.de

Orient · Slavistik · Osteuropa · Bibliothek · Buch · Kultur

Angelika Landmann
Türkisch
Kurzgrammatik

2009. 119 Seiten, br
ISBN 978-3-447-06061-5
€ 14,80 (D) / sFr 26,70

Angelika Landmanns „Kurzgrammatik" enthält die Essenz ihres ebenfalls bei Harrassowitz erschienenen Lehrbuchs „Türkisch. Grammatisches Lehrbuch für Anfänger und Fortgeschrittene" (ISBN 978-3-447-05889-6) und erläutert die wichtigsten Grundlagen der türkischen Grammatik knapp, übersichtlich und leicht verständlich.

Angelika Landmann
Türkisch
Tabellen zur Deklination und Konjugation

2009. VI, 128 Seiten, br
ISBN 978-3-447-06138-4
€ 14,80 (D) / sFr 26,40

Das Buch bietet einen raschen Überblick über die Deklinationen von Substantiven sowie über die wichtigsten Zeiten und Modi von Verben im Türkischen.

Angelika Landmann
Türkisch
Grammatisches Lehrbuch
für Anfänger und Fortgeschrittene
Mit einer CD im MP3-Format

2009. IX, 260 Seiten, 45 Abb.,
1 Karte, br
ISBN 978-3-447-05889-6
€ 39,80 (D) / sFr 69,–

Angelika Landmanns „Grammatisches Lehrbuch" löst das erstmals 1942 erschienene und bereits 1986 von der Autorin überarbeitete „Lehrbuch der türkischen Sprache" von Herbert Jansky ab. Es richtet sich an Anfänger und Fortgeschrittene und ist geeignet für den Unterricht sowohl an Universitäten wie auch an Volkshochschulen und entspricht dem Gemeinsamen Europäischen Referenzrahmen A1–B2.

Da sich das Türkische zum einen in seinem Aufbau grundlegend von den indogermanischen Sprachen unterscheidet, zum anderen aber sehr regelmäßig ist, wird in insgesamt 84 kurzen und übersichtlich gehaltenen Lektionen zunächst die Grammatik Schritt für Schritt erläutert und anhand von Tabellen und einfachen Beispielen veranschaulicht.

HARRASSOWITZ VERLAG · WIESBADEN
www.harrassowitz-verlag.de • verlag@harrassowitz.de

Orient · Slavistik · Osteuropa · Bibliothek · Buch · Kultur